OS 16
HERÓIS
E VOCÊ?
QUEM É?

DESCUBRA SEUS SUPERPODERES

Marcelo Assis da Silva

OS 16 HERÓIS
E VOCÊ? QUEM É?

DESCUBRA SEUS SUPERPODERES

MADRAS®

© 2017, Madras Editora Ltda.

Editor:
Wagner Veneziani Costa

Produção e Capa:
Equipe Técnica Madras

Revisão:
Silvia Massimini Felix
Maria Cristina Scomparini
Ana Paula Luccisano

Dados Internacionais de Catalogação na Publicação (CIP)
(Câmara Brasileira do Livro, SP, Brasil)

Silva, Marcelo Assis da
Os 16 heróis: E você? Quem é?: descubra seus superpoderes/Marcelo Assis da Silva. – São Paulo: Madras, 2017.

ISBN: 978-85-370-1070-9

1. Autoconhecimento 2. Personalidade 3. Temperamento 4. Testes psicológicos 5. Tipologia (Psicologia) I. Título.

17-05061   CDD-155.26

Índices para catálogo sistemático:
1. Temperamento: Tipologia: Personalidade: Psicologia 155.26

É proibida a reprodução total ou parcial desta obra, de qualquer forma ou por qualquer meio eletrônico, mecânico, inclusive por meio de processos xerográficos, incluindo ainda o uso da internet, sem a permissão expressa da Madras Editora, na pessoa de seu editor (Lei nº 9.610, de 19/2/1998).

Todos os direitos desta edição reservados pela

MADRAS EDITORA LTDA.
Rua Paulo Gonçalves, 88 – Santana
CEP: 02403-020 – São Paulo/SP
Caixa Postal: 12183 – CEP: 02013-970
Tel.: (11) 2281-5555 – Fax: (11) 2959-3090
www.madras.com.br

Índice

Prefácio 7
Os Quatro Temperamentos 11
    Sanguíneo 11
    Colérico 13
    Melancólico 16
    Fleumático 19
Extroversão 25
Introversão 27
Observação 29
    O Explorador 30
    O Conservador 31
Imaginação 33
    O Profeta 35
    O Oportunista 35
Racionalidade 37
    O Construtor 39
    O Niilista 39
Emocionalidade 41
    O Idealista 43
    O Agregador 43
    O Ativo 44
    O Passivo 46
As Funções 49

Função Dominante 49
Função Coadjuvante 51
Terceira Função 51
Função Inconsciente (Sombra) 51
    Explorador/Profeta 52
    Conservador/Oportunista 53
    Construtor/Idealista 53
    Niilista/Agregador 54
Como Achar Suas Funções? 56
As Quatro Categorias 59
    Os Pensadores 59
    Os Sonhadores 59
    Os Protetores 60
    Os Artistas 60
Construtor Profeta (Colérico/Melancólico) 61
Oportunista Niilista (Melancólico/Colérico) 65
Agregador Profeta (Sanguíneo/Melancólico) 67
Oportunista Idealista (Melancólico/Sanguíneo) 69
Construtor Conservador (Colérico/Fleumático) 71
Agregador Conservador (Sanguíneo/Fleumático) 73
Explorador Niilista (Fleumático/Colérico) 75
Explorador Idealista (Fleumático/Sanguíneo) 77
Profeta Construtor (Melancólico/Colérico) 79
Niilista Oportunista (Colérico/Melancólico) 81
Profeta Agregador (Melancólico/Sanguíneo) 83
Idealista Oportunista (Sanguíneo/Melancólico) 85
Conservador Construtor (Fleumático/Colérico) 87
Conservador Agregador (Fleumático/Sanguíneo) 89
Niilista Explorador (Colérico/Fleumático) 91
Idealista Explorador (Sanguíneo/Fleumático) 93
Perguntas 97
Gabarito 173

Prefácio

Esta obra é baseada nos tipos psicológicos junguianos, nos tipos de personalidade do MBTI e nos quatro temperamentos, além de toda a bagagem que obtive como astrólogo e no estudo de várias terapias, dentre elas o BodyTalk, o Reiki e a EFT.

Sempre fui interessado em saber por que as pessoas sofrem e se há como ajudá-las a melhorarem seu sofrimento. Isso porque eu mesmo era uma pessoa bastante infeliz e atormentada. Nessa busca por alívios de meus sofrimentos, fui testando vários métodos e percebi que alguns funcionavam e outros não. Fui minha própria cobaia, e isso me fez confiante da funcionalidade do que aprendi e das ideias que desenvolvi.

Uma das coisas que aprendi é que o autoconhecimento é muito importante, não há como uma pessoa ser realmente feliz se não se autoconhecer, se não souber quais são seus pontos fortes e seus pontos fracos, o que a ajuda a avançar e o que a paralisa. O autoconhecimento o auxilia também a saber quais são as razões para seus problemas com as outras pessoas, porque todos temos no mínimo metade da culpa quando entramos em conflito com alguém, a não ser que estejamos lidando com um sociopata, o que, graças a Deus, não é o caso da maioria das pessoas.

É óbvio que apenas se conhecer não ajuda 100% nos problemas com os demais. Entender como os outros funcionam é muito importante para ajudar a diminuir os possíveis atritos, daí a importância deste livro. Ele vai ajudá-lo a entender a si mesmo e a compreender como os outros funcionam. Você vai poder saber por que faz o que faz e como pode melhorar o que está fazendo, e por que as pessoas fazem o que fazem e como se relacionar melhor com elas.

Em minha busca por ferramentas que realmente funcionassem, descobri que ideias místicas e grandiosas, apesar de serem lindas e sedutoras, na verdade não funcionam. As que funcionaram melhor para mim foram as ideias lógicas, práticas e, de certa forma, materialistas. Nunca tive nenhum resultado concreto seguindo o ensinamento de nenhum grande guru. Elas podem dar um pouco de paz por algum tempo, mas não resolvem realmente o problema e nós ficamos pensando que não o resolvemos porque não estamos ainda evoluídos espiritualmente o bastante, que quando esse processo de evolução estiver terminado vamos com certeza resolvê-lo. Mas o tempo passa, passa e nada. A razão para mim é que essas ideias são só ideais bonitinhos, mas sem nenhuma aplicação prática; servem mais para acariciar o ego de quem quer se sentir especial por gostar dessas ideias, que, convenhamos, são muito difíceis de ser entendidas por pessoas de QI médio, ou até pelas que têm um bom QI, mas são céticas. Por isso, quem consegue entendê-las se sente muito especial, e é lógico que há uma necessidade de seu interior que se alimenta e se sente feliz com toda essa fantasia, algo parecido com o que sentíamos quando nos contavam histórias na época em que erámos crianças, só que, quando nos contavam essas histórias, nos diziam que eram de mentira e essas fantasias místicas nos dizem que são reais, o que as torna ainda mais fascinantes.

No entanto, se você, em vez de ficar sonhando com uma possível iluminação, quer realmente mudar sua vida... Aliás, você pode até perseguir sua iluminação, não há nada que o proíba, e eu não quero gerar polêmica com ninguém por causa disso, só estou dizendo que, para mim, esse misticismo, apesar de lindo, não me ajudou; se funciona para você tudo bem, talvez você seja diferente de mim, bom para você. Porém, por mais que essas técnicas sejam eficazes, o que eu quero lhe passar com certeza vai ajudá-lo também. São apenas dicas mais objetivas para que você possa se compreender melhor, que podem muitas vezes ter sido esquecidas porque você está focado em coisas mais abstratas. Saber como sua mente funciona e qual é seu temperamento podem, e muito, ajudar em seu crescimento.

Pode parecer que eu sou contra a espiritualidade, mas não é esse o caso, muito pelo contrário; em minha busca, percebi que uma visão espiritual e uma crença em Deus são essenciais para a felicidade, mas uma coisa é perceber que existe algo ou alguém que é Deus e outra diferente é achar que sabe como Deus é, como ele funciona e como pensa; para mim, isso está muito além da capacidade humana e, para nossa sorte, isso não é necessário para sermos felizes. Ser capaz de sentir a presença desse Deus em nós e em tudo o que existe é importante para nossa felicidade, dá-nos uma paz por percebermos que não somos apenas um amontoado de átomos vagando no Universo. Misticismos ou dogmas religiosos não são necessários para essa paz e muitas vezes nos impedem de a conseguirmos, quando ficamos muito focados nessas coisas.

Não é porque somos espíritos que todos os nossos problemas são espirituais, muitos deles só existem porque não sabemos lidar com a realidade material. É como fazer um bolo, você não precisa ser a pessoa mais espiritual do mundo para fazer um, basta aprender a receita e praticar. Por isso, mesmo pessoas céticas podem se beneficiar com este livro, basta ter o desejo sincero de se autoconhecer. Ou seja, para quem não tem o complexo de Gabriela, porque ninguém é obrigado a ser o mesmo até morrer. Você pode ser uma pessoa melhor se quiser. A escolha é toda sua.

Os Quatro Temperamentos

Ninguém sabe ao certo quando foram observados pela primeira vez, mas foram registrados primeiramente pelo médico grego Hipócrates (460-370 a.C.). Temperamento é diferente de caráter, o primeiro é algo que herdamos geneticamente, o segundo é como decidimos usar o que herdamos. Ou seja, o temperamento não faz ninguém bom ou ruim, isso é uma escolha que a pessoa faz, mesmo que muitas vezes essa escolha seja feita inconscientemente.

Os temperamentos estão associados a determinados fluidos de nosso corpo, o sangue para os sanguíneos, a bílis amarela para os coléricos, a bílis negra para os melancólicos e a fleuma para os fleumáticos, e cada um tem características próprias.

Sanguíneo

Esse temperamento costuma ser muito alegre e muito excitável. É o tipo de pessoa que eleva o moral do grupo. O problema dos sanguíneos é que a emoção "chega ao coração" e eles já saem se expressando, esquecem o filtro que temos para controlar esta expressão: o cérebro. Por isso, falam o que vem à cabeça, querem comprar tudo o que veem, tratam as pessoas com uma intimidade que não têm com elas e vivem mudando de rumo, já que não têm muita energia e esta precisa sempre de um novo estímulo para não baixar. Falam o que pensam, agem da forma que dá na telha, não refletem sobre a validade de suas ideias, desanimam fácil, precisando sempre de uma brincadeira nova. Quem é assim? Uma criança;

o sanguíneo não percebe, mas funciona mais como uma criança do que como um adulto. Fala muito, é desorganizado, ocupa muito espaço e acaba se tornando uma pessoa difícil de conviver.

É impulsivo e inconstante, tem ataques de raiva, na verdade faniquitos, de que ele logo se esquece, mas os outros três tipos não. Apesar de ser bem-intencionado, o tipo sanguíneo puro é uma pessoa muito difícil de se confiar, primeiro porque não costuma ouvir os outros, mesmo que ele adore conversar. Mas ele quer falar sobre si mesmo e não quer saber nada sobre você. Na verdade, pode falar por horas sem seu interlocutor dar uma palavra e achar que ambos tiveram uma conversa muito proveitosa. Como ele não ouve com atenção, não se lembra de nada direito. Tem muita energia para iniciar, mas logo sua atenção é voltada para outra direção e, pronto, não cumpre o que prometeu.

Também, como não pensa nem sabe refletir, não costuma ser bom com fatos e é mais voltado para seus sentimentos. Uma vez soube de uma história de uma famosa cantora, já falecida, que ouviu uma fofoca de que não participaria de um evento porque um compositor, também já falecido, tinha vetado sua participação. Ao ouvir isso ela ficou com muita raiva e, quando encontrou o tal compositor, teve um ataque de raiva. Quando terminou, o compositor primeiro perguntou se ela era louca e depois se ele tinha ao menos participado do evento que ela o acusava de tê-la vetado. A resposta da cantora foi que não e ela ficou morrendo de vergonha. Se tivesse parado para refletir que o tal compositor não poderia tê-la vetado do evento de que nem sequer havia participado, um pensamento que alguém com um QI de 80 (no desvio 15) é capaz de fazer, ela não teria passado por essa vergonha. Imagine, quem tem de conviver com um sanguíneo muitas vezes tem de aguentar ataques de fúria por coisas que nem correspondem à realidade. Se ele está com raiva, expressa a raiva; se há motivo para essa raiva, isso não importa, como não importa refletir para questionar os fatos.

Apesar disso, ele não é uma pessoa solitária, muito pelo contrário, conhece deus e o mundo, mas, como é comum com quem conhece deus e o mundo, acaba não sendo amigo de ninguém. Mas é óbvio que ele acha que é, inclusive se comporta como se o fosse, muitas vezes até com pessoas que acabou de conhecer, porque é completamente sem noção o coitado, mas mesmo assim há muita gente que gosta dele, até mesmo porque, se seu comportamento por um lado é irritante, por outro é bem engraçado, e, como dissemos, ele parece ser uma criança.

Outra coisa que ajuda que tenha muitos amigos é o fato de ter um bom coração. Ele sempre quer ajudar (não se deve confiar que vá cumprir com sua intenção, mas ele tem pelo menos a intenção). É tão bondoso que pode ser feito de idiota por pessoas mal-intencionadas, é o tipo de chefe que cai nas mentiras contadas pelos subordinados. Para ele é importante acreditar que as pessoas à sua volta estão felizes por causa das ações que realiza, por isso, se percebe que o efeito é o contrário, ele fica muito frustrado, podendo mesmo se afastar de um grupo quando percebe que não é benquisto.

Todos os temperamentos têm de aprender alguma coisa para se desenvolverem, e o sanguíneo precisa aprender a pensar antes de agir, a selecionar, na enxurrada de emoções que bombardeiam sua mente, as que prestam das que não prestam, o que é viável (por exemplo, não comprar tudo o que vê pela frente porque seu orçamento não é ilimitado), questionar-se se determinado comportamento é adequado, se alguma história que lhe contaram faz sentido. Ou seja, lembrar que ele não tem apenas um coração, mas que possui um cérebro como todos os mortais e que não só pode, como também deve, usá-lo.

Fazendo isso, sua vida entra em equilíbrio, porque não será mais governado por suas emoções, mas o governante delas, que é o que ele deveria ter sido desde o início.

Colérico

É o tipo mais odiado ou admirado, costuma ser odiado por quem está perto e admirado por quem está longe, a não ser que ele esteja equilibrado. Porém, talvez seja o temperamento mais difícil de ser equilibrado, porque geralmente é a dor que faz as pessoas evoluírem e esse temperamento resiste bem à dor, por isso a dificuldade de crescer.

O colérico, como o sanguíneo, tem muita excitabilidade, mas, ao contrário deste, possui também muita energia, por isso não precisa ficar mudando de incentivo toda hora para continuar com a energia alta (representa um homem no início da idade adulta), ou seja, é uma pessoa capaz de conquistar seus objetivos. Aliás, esse é seu principal propósito: conquistar suas metas e para fazê-lo é capaz de passar por cima de tudo e de todos! Você está pensando que estou dizendo que ele é desonesto? Não! Quando digo passar por cima é ir como um trator em direção ao seu objetivo, não se importando com os sentimentos dos que estão no meio do caminho nem em criar confusão com quem encontrar. É muito bom de briga, bate como ninguém e aguenta apanhar e, para piorar, não tem muita noção de sua força e acha que todo mundo é igual a ele, o que torna uma luta com o colérico um pesadelo, já que acaba se tornando muito cruel. É do tipo que pode apertar a mão de uma garotinha de cinco anos com muita força e fazê-la chorar, porque não consegue perceber a desproporcionalidade da força dele para a dela; se a coitada for sua filha, ainda é capaz de levar uma bronca daquelas por ser tão fresca e ser obrigada a engolir o choro, já que o colérico não suporta nada que considere demonstração de fraqueza.

Essa incapacidade de entender que todos não são tão fortes como ele, ou mesmo que buscam as mesmas coisas que ele, faz do colérico um pai ou mãe, ou ainda um chefe, terrível. Tinha uma chefe colérica e um dia uma estagiária fez uma observação bastante interessante: se houvesse um grupo reunido e ela entrava tentando se enturmar, o grupo se dispersava. Realmente, quando eles estão em posição de autoridade (o que é bastante comum), é muito difícil querer ficar perto deles. E os coléricos não conseguem entender, porque na sua cabeça, não são tão duros assim. Para eles, são apenas duros o necessário para fazerem as coisas andarem.

O colérico típico tem um ar arrogante e parece que sempre está puto da vida com alguma coisa ou com alguém. É impaciente e só falta empurrar as pessoas que encontra à sua frente pelo caminho. Parece ser um canalha ou um monstro, mas precisamos entender como ele funciona. O problema dele é que seu foco está na tarefa que tem de realizar (quase tudo o que existe deve sua existência aos coléricos, que são as pessoas que fazem as coisas acontecerem) e não nas pessoas que estão ao seu redor. Você pode ter certeza, se confiar uma tarefa a ele, essa tarefa vai ser concluída, o objetivo vai ser alcançado. O problema é a que preço: quantos vão ter de chorar para isso?

O colérico também é muito controlador, quer controlar todos os passos das pessoas próximas, principalmente do cônjuge e dos filhos. Ele faz isso porque não gosta de surpresas, já que tende a ter um comportamento robótico e fora disso se sente muito mal, por isso a necessidade de controlar o ambiente, ele está tentando se prevenir de ter imprevistos que irão desestabilizá-lo.

Esse comportamento robótico, uma vez que ele costuma colecionar inimigos, pode ser seu calcanhar de Aquiles, porque, para quem é mais esperto e consegue perceber essa tendência, fica fácil saber como se livrar dele, pois é só apertar os botões certos que o célrico faz exatamente o esperado. É fácil de enganar e manipular quando você o conhece melhor, mas cuidado: se ele perceber que você está fazendo isso, vai haver muita briga e confusão, até mesmo porque essa é a única forma que ele conhece para resolver seus problemas.

O colérico é muito frio e insensível. Lembram-se da chefe da qual falei? Uma vez, quando uma colega de trabalho estava trabalhando doente, ela simplesmente falou de forma fria: "Se você não tem condição de trabalhar direito, vá ao médico e peça um atestado, em vez de ficar aqui enchendo o saco!". Em outra ocasião, quando um parente de uma estagiária foi entregar o atestado médico dela dizendo que ela estava doente, minha chefe o recebeu com um riso sádico e debochou.

Vale dizer que essa minha chefe tinha um problema de saúde que lhe causava uma dor horrorosa e, mesmo assim, não faltava ao trabalho e fazia o que tinha de fazer. Na cabeça dela, se ela podia, por que os outros não podiam? Esse é o problema dos coléricos, eles não conseguem se colocar no lugar dos outros, em vez disso sempre colocam os outros no seu lugar. Infelizmente, os outros três temperamentos juntos não são páreos para ele, mas isso é muito difícil que entenda e aceite. Como não consegue entender e aceitar, vive com raiva e cobrando dos outros mais do que podem dar, e cobra normalmente com muita crueldade.

Não é que seja uma pessoa má; na verdade, se você aprende a lidar com ele, o colério pode se tornar uma pessoa até fácil de tratar. A primeira coisa é nunca tentar partir para a briga com ele, porque, a não ser que você seja também um colérico puro (porque não adianta ser um colérico mesclado com outro temperamento como eu e como a maioria dos coléricos, por sabedoria divina, são), vai apanhar feio. O segredo é contorná-lo e vender sua ideia, porque o colérico costuma ser inteligente e muito lógico e racional (por isso que tem muita raiva, porque acha os outros idiotas e patetas); assim, se o que você disser fizer sentido, ele pode comprar sua ideia. Outra coisa é deixá-lo sempre acreditar que ele está no comando, nunca pergunte o que ele quer, mas, pelo amor de Deus, também não tente impor o que você deseja, dê-lhe as opções que você acha que são as melhores e deixe que ele decida.

O que o colérico precisa aprender para se equilibrar é que não é apenas com nosso cérebro que nos relacionamos com o mundo, mas também com nosso coração. Precisa amar os outros e ter empatia com eles e entender que não é com socos e pontapés que conseguimos manter uma equipe motivada, mas mostrando que nos importamos com ela e enxergando seus membros como nossos companheiros, e não inimigos ou obstáculos a serem removidos. Quando aprende isso, ele pode usar sua força para liderar suavemente em vez de massacrar os outros. Ou seja, deixa de ser um cretino e passa a ser um verdadeiro líder.

Melancólico

É o mais inteligente, criativo e profundo dos quatro temperamentos. Você deve estar pensando: "Que bom, esse deve ser o meu!". Mas é melhor ler tudo! Já ouvi dizer que esse é o temperamento mais comum, mas acredito que é pouco provável que seja, porque os melancólicos são inteligentes e pessoas inteligentes são menos que 10% da população. Isso, acreditando que a média de QI dos europeus se estende a todas as etnias, o que a ciência vem provando que não. Portanto, mesmo que todas as pessoas inteligentes fossem melancólicas, o que é pouco provável, teriam que ser no máximo 10% da população. Dessa forma, acredito que o melancólico é na verdade o mais raro dos quatro temperamentos.

O melancólico é alguém que vive dentro de sua mente; ele tem muita força, mas, como vive dentro de si, não tem muita excitabilidade ao se relacionar com o mundo externo, por isso representa um homem maduro. Você deve estar dizendo: inteligente, criativo, profundo e ainda por cima maduro! Esse deve ser mesmo o melhor de todos os temperamentos!

Só que não! Os melancólicos são muito complicados; seu humor muda a todo instante, basta uma música, um cheiro, um toque, o sabor de uma comida para que sejam acionadas as sinapses em seu cérebro e seu humor mude violentamente. Um dia pode estar bem e risonho, em outro pode estar com raiva, em outro dia não fala com ninguém e assim vai. Seu humor pode mudar não a toda hora, mas a todo instante. Porém, ele tem um humor mais comum e, como o próprio nome do temperamento diz, é a melancolia.

Vivem melancólicos porque dentro de suas cabeças existe um mundo perfeito que é impossível de ser conquistado no mundo material. As cenas perfeitas que vivem em sua cabeça nunca vão acontecer e isso os deixa para baixo. Os outros nunca vão ser tão bons para agradar aos seus padrões e, para piorar, nem ele. Isso mesmo, ele tem expectativas muito elevadas sobre si mesmo que são irrealizáveis. Por isso, por mais talentoso e criativo que seja, muitas vezes seu potencial é desperdiçado porque ele não consegue acreditar em si. Para o melancólico, o bom, o aceitável está muito além do que os outros três temperamentos consideram. As pessoas podem aplaudi-lo, mas ele só vai ver falhas ao se comparar com sua visão interior. Pode realmente se achar incapaz de fazer as coisas, o que o faz se esconder mais ainda dentro de seu mundo.

Não é preciso dizer que esse tipo é muito crítico, realmente não é fácil satisfazê-lo! É o tipo de cônjuge, ou de pai ou mãe que sempre critica tudo o que os outros fazem e que é impossível agradar. Muitas vezes se faz de coitadinho, acreditando que as pessoas não atendem a suas expectativas altíssimas porque não gostam delas, sem se dar conta de que essa é apenas mais uma fantasia criada por sua mente. Esse é o problema do melancólico: sua mente se converteu em sua prisão e ele não percebe isso. O contato que tem com a realidade é muito pequeno.

Está tão preso em sua mente que às vezes, em situações de emergência, não consegue se mexer, ou quando alguém briga com ele. Esse temperamento tem tendência a travar, exatamente, porque, quando estressado, o que faz é se fechar mais ainda em sua própria percepção; a energia não se volta para o que está acontecendo no mundo real, mas para o que está ocorrendo dentro de sua mente. Porém, quando age, pode ser de uma maneira tão agressiva que vai ajudá-lo a se reprimir mais ainda na próxima vez. Alguns melancólicos que vieram de lares muito hostis podem viver sempre agindo dessa forma muito agressiva que falei como se fossem um copo eternamente cheio que nunca fica vazio e só transborda, já que dificilmente conseguem esquecer os males que lhe fizeram no passado, eles continuam lá, em seu interior, como se tivessem acabado de acontecer. Por isso, se já sofreram demais, qualquer destrato pode ser respondido com muita agressividade, porque não há mais espaço para suportar mais os maus-tratos.

Mas esse tipo costuma ser carinhoso e ter muito coração. No entanto, é tímido e tem poucos amigos. Ele gostaria de ter um círculo maior de amizades, mas seu temperamento que o aprisiona em seu interior o impede. Mas, já que não consegue aumentar seu círculo de amizades, ele tenta aprisionar os poucos que tem; é como se ele estivesse dizendo desesperadamente: "Não me deixe, que eu não quero ficar sozinho!". E muitas vezes vai usar da manipulação emocional para conseguir isso, porque, apesar do excesso de críticas que faz aos outros, o melancólico no fundo acha que é ele quem não merece o amor de ninguém, porque deveria estar em um estado de perfeição imaginário para poder ser digno de amor.

Ele é do tipo que tem as ideias, mas não gosta de sujar as mãos; fazer não é com ele, a não ser que seja um misto de melancólico com colérico como eu, que já tende a ser muito mais ativo, mas o tipo melancólico puro não é chegado em executar nada.

O melancólico sente tudo o que acontece profundamente; é como se fosse um lago muito profundo, no qual qualquer poeira, por menor que seja, consegue ir desde a superfície até o fundo. Isso é muito chato, porque qualquer coisinha dói muito e o afeta imensamente. Mas é graças a isso que ele consegue ter as grandes ideias que revolucionam o mundo tanto na filosofia, na ciência, nas artes, como na religião; toda grande ideia da humanidade saiu da cabeça de um melancólico puro ou mesclado. Vinicius de Moraes disse que é necessário um pouco de tristeza para se criar uma música, e essa tristeza vem da natureza melancólica. Mas, como disse o poeta, é necessário um pouquinho, e os melancólicos geralmente tem muita. Isso acaba paralisando, asfixiando em vez de resultar em um processo criativo. É como jogar cem quilos de sal para fazer um quilo de comida: ao invés de dar sabor, acaba com o prato, tornando-o impossível de ser consumido por qualquer um. De pessoa criativa acaba se tornando recalcado infeliz que vive em um mundo todo seu, que se queixa de tudo e de todos e manipula as poucas pessoas que consegue atrair com medo de perdê-las.

O que o melancólico precisa aprender a fazer para se tornar mais equilibrado? A primeira coisa é a gratidão, ser grato pelo que é e pelo que tem, aprender a agradecer por isso, reconhecer que não é porque o mundo real não é igual à sua fantasia que é ruim. Ele é uma fonte de muitas experiências, de muitos conhecimentos e de muitos prazeres, se o melancólico se permitir apreciá-los. A gratidão é o que vai permitir que faça isso. Seja grato principalmente por todos os recursos interiores que possui, que são muitos, e se ame do jeito que você é.

Precisa também reconhecer que vive dentro de sua mente e começar a viver mais no mundo real, vamos abordar mais isso quando falarmos do tipo Imaginação, mas reconheça que você vive em sua mente, porque o melancólico acha que seu mundo mental é o mundo real. Outro problema: não esquecer as mágoas e os medos oriundos do passado, o que pode ser resolvido com EFT (Técnica de Liberação Emocional). Na verdade todos os quatro temperamentos podem se beneficiar e muito com a EFT, mas estou falando dela aqui porque, por causa desse lado dos melancólicos, eles sem dúvida são os que mais precisam dessa técnica simples, que pode ser usada em qualquer lugar, gratuitamente.

Se acharem que precisam desse reforço, há a opção de terapeutas de EFT; mas, caso não, podem muito bem aplicarem em si mesmos.

A EFT é uma técnica que libera traumas, bloqueios, medos, sentimentos negativos por meio do toque de determinados pontos de acupuntura. A pessoa dá leves batidas nesses pontos, seguindo uma ordem preestabelecida, enquanto vai dizendo uma frase e se concentra no sentimento negativo que quer libertar. Às vezes são necessárias várias rodadas para se libertar do problema e, se o problema envolver diversas sinapses, por ser muito antigo, é muito comum que se tenha de trabalhar com cada sinapse separadamente, mas com o tempo você se desvemcilhará desses bloqueios e estará pronto para viver a vida mais livremente. Vocês podem receber gratuitamente o manual de EFT acessando o seguinte site: <http://www.eftbrasil.com.br/manual-eft-cpt/>.

Fleumático

Esse tipo é por muitos considerado o mais gente boa porque é o que dá menos trabalho, mas será? Pergunte a um colérico puro, talvez ele pense bem diferente. O fleumático tem baixa energia e pouca excitabilidade, representa a velhice. Realmente, mesmo uma criança fleumática pode parecer um velho, por ter baixa energia e pouco ânimo; por ter baixa excitabilidade não se empolga com nada. Ele parece que não quer nada e é por isso que não se mete muito em confusão. Mas, não se engane, ele não é tão pacato como parece, é muito observador e quando quer ataca com um humor certeiro em seu ponto fraco, que pode ter certeza, ele sabe qual é. Enquanto o sanguíneo corre feito um pateta atrás do novo desejo de seu coração, o colérico feito um louco atrás de suas metas, o melancólico fica choramingando preso em sua mente, o fleumático, por querer muito pouco, está sempre no presente observando os outros três que não se dão conta disso.

Porém, não faz muita coisa com essas informações além de alfinetar com piadas, porque ele não é de fazer muita coisa mesmo. O tipo é parado e, quando por algum milagre resolve se mexer, é muito lentamente, o que pode ser muito irritante para quem convive com ele. Coleta um milhão de informações para se decidir, gasta um tempo inacreditavelmente longo nesse processo e quando chega a hora... Ele não se decide, amarela mesmo, simples assim; e não fica nem um pouco chateado com isso, sempre terá a próxima vez para ele tentar e gastar muito tempo com essa nova tentativa e desistir. Não se importa mesmo que tenha tomado o tempo dos outros que ficaram esperando, esperando, esperando e esperando por nada! Nem adianta reclamar com ele, primeiro porque o fleumático não acha que está errado, depois ele nunca fica muito chateado (pelo menos é o que sua aparência demonstra); na verdade, ele vai pensar que não fez nada além do que refletir um pouco, e que você está brigando com ele porque é muito grosseiro. Como nunca fica irritado por esperar uma eternidade pelas coisas, ele acha que as outras pessoas também não se importam.

Ele vai falar da morte da mãe ou de ter sido promovido no emprego com a mesma cara. Mulheres de homens fleumáticos podem morrer sem saber se seus maridos as amaram, porque eles não têm o hábito de expressar emoção. Não quer dizer que não tenham, mas lembre-se: o fleumático não tem muita energia e sua excitabilidade é fraca, por isso a forma como expressa suas emoções é morna e, a não ser que seja mesclado com sanguíneo, não vai fazer grandes gestos de amor. Costuma ser leal e constante, até mesmo porque não gosta de mudança; alguns fleumáticos gostam de ir sempre aos mesmos lugares para fazerem sempre as mesmas coisas, ou seja, não é do tipo aventureiro.

Pode ser muito crítico, mas a crítica dele é diferente da do melancólico. Para exemplificar, vamos supor que um marido comprou um presente para a esposa, algo de que ele sabe que ela gosta muito e que ele mesmo com todo carinho embrulhou. A mulher melancólica tem uma fantasia dentro de sua cabeça de como o marido deveria entregar o presente: primeiro ela sentiria um aroma sensual, depois começaria uma música celestial, um tapete vermelho seria estendido, dois arautos tocariam suas trombetas, dois querubins jogariam pétalas de rosas e então entraria seu marido carregando em uma almofada de veludo seu presente; o marido se ajoelharia aos seus pés e depois de muitos elogios entregaria o presente com olhar terno e apaixonado. Quando o marido apenas lhe entrega o presente, ela vai criticar sua falta de sensibilidade e imaginação e vai creditar isso ao fato de não a amar mais; infelizmente, a fantasia é mais importante que o belo gesto do marido. A mulher fleumática vai reparar na forma como o presente foi embrulhado, na cor do papel que achou brega, no lacinho malfeito. Ou seja, enquanto o melancólico é sonhador, o fleumático é detalhista, repara em tudo e em todos. Ele tem a capacidade de aperfeiçoar qualquer coisa exatamente por isso.

Outra característica dos fleumáticos é que geralmente gostam de buscar informações e coletar dados e muitos têm uma memória fantástica para os mesmos, parece que não esquecem. Isso se deve ao fato de que eles realmente estão prestando atenção quando estão estudando algo. Não estão pensando em suas metas (como os coléricos), em seus sentimentos (como os melancólicos) ou em suas paixões (como os sanguíneos), mas apenas naquilo que estão estudando, por isso muitos se tornam uma verdadeira central de dados.

Eles também não esquecem nada que lhes acontece, exatamente como os melancólicos, mas com uma diferença. Vejamos um exemplo de uma mãe que dá um tapa no rosto do filho durante uma discussão. Se o filho for melancólico e lembrar da cena, vai se recordar de tudo o que aconteceu com a mesma intensidade de quando o fato ocorreu, mesmo que passados 30 anos. Já o fleumático vai lembrar-se apenas como mais um dado armazenado em sua memória. Também não vai ficar feito um mariquinha jogando as lembranças dos acontecimentos nos outros, como o melancólico faz.

Ele, quando percebe que uma pessoa não está interessada nos dados que colheu, não discute, simplesmente a deixa de lado, podendo inclusive se desfazer de um relacionamento friamente se achar que não vai levar a nada.

O fleumático é calmo e pacato; como disse no início da descrição desse tipo, ele é considerado gente boa. Você pode pedir o que quiser a ele que, depois de conversarem por muito tempo, vai conseguir lhe explicar por que não vai ajudá-lo. Depois, ele vai gastar mais de seu tempo pedindo um favor e você vai sair pensando que ele é um cara muito legal mesmo.

Ele também é muito seguro com dinheiro e não gasta muito. Apesar de gostar de boa comida e das coisas boas da vida (se bem que, se estiver mesclado com o sanguíneo, pode gastar muito nessas coisas), gosta mais de dinheiro, não porque é ganancioso, mas porque é inseguro, por isso tem medo de gastar. Sua insegurança também pode impedi-lo de aceitar uma proposta melhor de emprego, mesmo que esta pague dez vezes mais, se achar que ela não é segura o bastante como o emprego atual; se o emprego atual não for seguro, é provável que aceite, mas a segurança está sempre em primeiro lugar para um fleumático. É por isso que ele não se move, e que é difícil receber um sim dessa criatura. Qualquer movimento leva à insegurança, pelo menos ele acredita que vai estar seguro se fizer tudo sempre do mesmo jeito e o mínimo possível; parece mais uma superstição que algo lógico, mas sem dúvida ele acredita que funciona, e por isso não é fácil convencê-lo a andar.

O que ele precisa desenvolver é a fé. A fé faz com que nos sintamos seguros, mesmo quando não conseguimos juntar fatos suficientes para justificar essa segurança. A vida não é segura, mas devemos acreditar que há algo maior que você que rege tudo e que é nas mãos dele que estamos todos, gostando ou não, aliás é muito importante entender que sua vida não está em suas mãos, mas nas mãos do que pode ser chamado de Deus e, se estiver em harmonia com ele, são grandes as chances de que as coisas terminem bem. É impossível que nossa mente consiga entender toda a complexidade da vida e de possíveis ações e reações referentes a ela e de todo o seu potencial. Por isso precisamos da fé de que há algo maior que nós querendo que nossa vida dê certo e que, por causa disso, nos auxilia em nossa jornada. É essa fé que nos faz andar realmente.

É importante frisar que uma pessoa não muda de temperamento. Um sanguíneo nunca será um colérico, por exemplo, mas podemos aprender a governar o temperamento que temos. Uma pessoa tem de conhecer seu temperamento e começar a domá-lo. Estando em equilíbrio, o melancólico é capaz de gerar ideias maravilhosas que o colérico irá implantar, que o fleumático aperfeiçoará e o sanguíneo servirá de ponte entre os três. Desarmonizados, os elementos se comportam com o melancólico aprisionado em sua mente e criticando a si mesmo e aos outros, o colérico criando confusão com todo mundo, o fleumático se tornando um parasita porque não consegue se mover e o sanguíneo agindo feito um imbecil que vive batendo a cabeça por aí e que ainda por cima vive tendo ataques de raiva. A escolha está em nossas mãos.

Poucas pessoas são tipo puro, como Jung fala em seus tipos psicológicos. Nossas mentes tentam sempre se compensar entre introversão e extroversão, entre Análise e Decisão. Análise está ligada à observação do ambiente. Decisão está ligada à forma como tomamos decisões e agimos.

Considero os temperamentos melancólico e fleumático como de Análise, porque ambos estão mais preocupados em perceber o mundo do que querendo atuar nele. Já o contrário ocorre com o sanguíneo e o colérico, que têm como objetivo principal agirem, muitas vezes ignorando o que está em volta e os obstáculos a suas ações.

Assim, não concordo com fusões do tipo colérico/sanguíneo, ou sanguíneo/colérico, ou melancólico/fleumático ou fleumático/melancólico, porque colérico e sanguíneo são formas de tomar decisões e agir, e melancólico e fleumático são formas de perceber o mundo. A mente, como precisa de equilíbrio, funde uma forma de decisão com uma de análise. Sem falar que não podemos agir das duas maneiras ao mesmo tempo, ou perceber o mundo de ambas as formas, uma função tem de estar bloqueada enquanto a outra funciona. O que ocorre é que mesmo um colérico pode usar seus sentimentos de vez em quando para se decidir e parecerá sanguíneo, e um sanguíneo parecerá colérico quando for mais racional. O mesmo acontece na área da Análise, um melancólico, estando mais presente, pode se comportar como um fleumático, e o fleumático mais dentro de sua mente pode parecer melancólico, já que ninguém é 100% nada, mas essa alteração não indica que a pessoa consiga unir as duas formas. Porém, em um teste para descobrir o temperamento, isso deve dar a impressão de que a pessoa tem esse tipo de fusão, mas para mim isso é impossível, porque funções do mesmo tipo não podem ser usadas concomitantemente. Por isso, o colérico só pode se fundir ou ao melancólico ou ao fleumático, e o mesmo ocorre com o sanguíneo. Assim o indivíduo tem uma forma de perceber o mundo (que é predominantemente melancólica ou fleumática) e a partir dessa percepção ele tem sua forma de tomar decisões e agir (que é predominantemente colérica ou sanguínea). Se uma é voltada para fora (extrovertida), a outra é voltada para seu interior (introvertida). A que vai para o exterior quer obter resultados, a que se volta para dentro busca o desenvolvimento interno da pessoa.

Os tipos puros tendem a ser mais neuróticos que os que têm os temperamentos mesclados. O colérico e o sanguíneo, porque estão voltados demais para sua necessidade de agir, mal conseguem perceber o mundo à sua volta, eles passam muito rápido da análise para a ação, não dando tempo de a primeira fornecer todas as informações possíveis. Já o melancólico e o fleumático ficam tão presos na análise que não conseguem passar para a ação, parece que nunca dizem para si mesmos que já chega e que tem informações suficientes para tomarem uma decisão e agirem. Por causa disso, a perspectiva da vida é ainda mais limitada do que da pessoa que tem dois temperamentos mesclados, portanto costuma ser mais neurótica. Ou seja, quanto menor seu campo de visão, mais neurótico você é; e quanto maior ele for, você é menos, porque a perspectiva tende a ser a mais próxima possível da realidade.

Por isso é que devemos tentar nos equilibrar o máximo possível; um melancólico nunca vai deixar de ser um, mas pode se equilibrar desenvolvendo um pouco mais seu lado fleumático. Lembra-se de que o fleumático está sempre presente observando as coisas? E o melancólico? Sempre ausente vivendo em sua mente. Percebe como se complementam? Já a profundidade do melancólico ajuda o fleumático a compreender que a vida é maior que apenas uma coletânea de dados armazenada; o melancólico não armazena nem metade dos dados dos fleumáticos e é muito mais criativo, exatamente por ser profundo. Essa profundidade costuma gerar fé, que é o que o fleumático precisa para andar. O colérico dá para o sanguíneo mais determinação e objetividade e este confere ao colérico a capacidade de se importar com o outro e ficar feliz quando consegue ajudá-lo a melhorar seu bem-estar. Ambos se tornam mais funcionais e menos destrutivos com o complemento da natureza do outro. Quanto mais elementos trazemos para ampliar nossos horizontes, mais equilibrados nos tornamos.

É claro que podem existir traumas e bloqueios oriundos de nosso passado que precisam ser tratados para nos desenvolvermos, mas muita gente precisa apenas ampliar seus horizontes e mesmo os que tiveram um passado terrível, como eu, vão se beneficiar de uma visão mais desenvolvida; isso é inevitável, posso afirmar com toda a certeza.

Extroversão

A Extroversão impulsiona a pessoa para fora. A pessoa precisa de estímulos externos para se energizar. Seu foco é o mundo exterior e, quanto mais extrovertida for uma pessoa, mais focada ela é no exterior e menos interessada em seu interior. Portanto, uma pessoa excessivamente extrovertida pode ter sérios problemas para saber quem de fato é e o que realmente quer, como a protagonista de *E o Vento Levou*, Scarlett O'hara, que passa o filme inteiro só preocupada com o mundo exterior e dizendo que só ia pensar depois; termina o filme, mesmo com a morte da filha e o abandono do marido, ainda dizendo que só ia pensar amanhã porque seria outro dia, outro dia para não pensar de novo.

Quem é extrovertido normalmente gosta de gente, de conversar, de ter sempre alguma coisa para fazer. Uma pessoa extrovertida costuma se sentir muito bem em um grupo enorme, preferindo muitas pessoas a um pequeno grupo e, se depender dela, nunca estar sozinha! Isso se deve ao fato de que ela aumenta sua energia quando se vê cercada de pessoas e de estímulos externos. Por isso, costuma ser muito sociável.

São pessoas que gostam de agir e normalmente têm muita energia. Além da necessidade de agir, costumam precisar de variedade no trabalho porque não são muito amigas da rotina e, também, com quanto mais pessoas puderem interagir no trabalho melhor.

Ainda que um extrovertido nunca devesse nem sequer tentar ser um monge budista, é necessário que ele aprenda a olhar para dentro de si um pouco. Caso contrário, a pessoa pode se tornar muito superficial, egoísta e sem foco na vida. Sem dúvida, é uma bênção essa tremenda habilidade para lidar com o mundo exterior. Mas do que adianta essa bênção, se você não sabe o que quer desse exterior?

Introversão

O introvertido vive mais em seu mundo interior, por isso adora explorá-lo. Gosta muito de estar em contato com seus pensamentos e ideias, refletindo sobre suas experiências, e sua energia e motivação nascem desse trabalho. Uma pessoa excessivamente introvertida pode ter muitas dificuldades na vida. Todo introvertido tem um certo grau de dificuldade para lidar com o mundo exterior, mas a maioria consegue lidar de alguma forma com o ambiente que o cerca. Quanto maior for a dificuldade e menores a força e a coragem para sair da zona de conforto, mais privações a pessoa terá. Dizem que Isaac Newton morreu virgem porque nunca conseguiu se relacionar com ninguém. As dificuldades não são apenas na área sexual, podem ser de tal ordem a ponto de comprometer a própria sobrevivência do indivíduo. Deve ser por isso que casos mórbidos de introversão são geralmente associados a distúrbios, como Síndrome de Asperger, Transtorno Esquizoide e outros do gênero. Porque uma vantagem que os introvertidos têm sobre os extrovertidos é exatamente que aqueles são obrigados pela própria vida a trabalharem com o mundo exterior. O introvertido pode se esforçar para criar uma rotina que diminua seu contato ao máximo possível com o exterior, mas não pode ignorá-lo fingindo que não existe, como é comum em muitas pessoas que são excessivamente extrovertidas, as quais muitas vezes passam pela vida sem saber o que ocorre dentro delas. No entanto, os introvertidos, como estão sempre refletindo sobre seu interior, costumam ser mais profundos que os extrovertidos e, como a grande maioria das pessoas é extrovertida (algo em torno de 75%), essa profundidade pode dificultar ainda mais o entrosamento com os demais.

Os introvertidos preferem ou trabalhar sozinhos ou com poucas pessoas; costumam possuir um pequeno número de amigos, embora alguns tipos psicológicos introvertidos, por razões que explicaremos quando descrevermos esses tipos, se comportem como extrovertidos. Geralmente gostam de trabalhos em que é necessária a capacidade de concentração e que possam se aprofundar em um pequeno rol de assuntos. Não costumam falar muito, porque preferem ouvir, observar e analisar os outros e o ambiente em volta, não só o que está ocorrendo, mas, principalmente, como o que está ocorrendo está afetando seu interior.

Observação

A Observação é a função que nos diz que há algo no exterior. A pessoa mais inclinada à Observação é muito ligada aos seus cinco sentidos e, por isso, eles são sua principal forma de apreensão da realidade. Não gosta muito de trabalhar com abstrações e é comum até uma certa dificuldade de entendê-las. Precisa de informações tangíveis e palpáveis, porque normalmente é só com elas que consegue trabalhar.

Costuma viver no momento presente e aceitar esse momento como ele é, o que pode ajudá-la na solução dos problemas assim que eles surgem. Ela não desperdiça tempo e energia lutando com a situação. Além disso, enquanto resolve um problema, não costuma ficar pensando em outro. Também busca no presente sua realização pessoal. Pensamentos do tipo "amanhã, eu vou ser feliz" não são com ela.

No trabalho, costuma ser prática, gostar de regras claras e informações precisas, ou seja, precisa saber onde está pisando. Também gosta de fatos concretos e que lhe mostrem, por meio de comprovações práticas, que uma ideia funciona.

O maior problema dessa pessoa resulta do fato de que nossos sentidos, como a ciência já comprovou, não são 100% confiáveis. Eles na verdade falham, e muito! Até mesmo porque nossa mente não tem capacidade de absorver todas as informações que nossos sentidos recebem e, por causa disso, vive trabalhando com simplificações. Vamos dar um exemplo: uma pessoa que só conseguisse enxergar em preto e branco, se apenas confiar no que seus sentidos lhe dizem, vai jurar que não existe cor no mundo. Ou seja, isso pode ser muito limitante, tanto mental como física, emocional, intelectual, afetiva e espiritualmente. Por isso, precisa aprender que, apesar de sua tendência a querer ver para crer, às vezes é necessário crer para conseguir ver.

Não é provável que seja muito criativa, embora possa ter talento para atividades como pintura, fotografia, dança, culinária e outras que dependam de uma forte ligação com os sentidos. Costuma ser organizada, ter boa memória e se preocupar com a aparência.

A maioria das pessoas do tipo Observação está associada ao temperamento fleumático. Lembra-se de que falamos que o temperamento fleumático está relacionado a uma forma de análise? Pois é, essa forma é a Observação. E quando citamos que o melancólico precisa desenvolver seu lado fleumático para se equilibrar, o que queríamos dizer com isso? Que ele precisa fortalecer a função da Observação. O tipo Observação precisa realmente entender que só confiar naquilo que observa é muito limitante e o impede de utilizar a Imaginação, porque Imaginação e Observação não podem ser usadas simultaneamente, ou se usa uma ou a outra. Quando ele insiste em usar só a Observação, ele abre mão de sua Imaginação, por isso é necessário deixar a Observação de lado para poder usar a Imaginação e ter acesso a outras informações que vão enriquecer sua vida.

O Explorador

A pessoa é muito voltada para o mundo exterior (Observação voltada ao exterior), por isso tem prazer em explorá-lo. Confunde-se com os objetos que observa e experimenta em sua exploração, e torna a si mesmo um objeto (uma mulher que vê um sapato, vê a si mesma e o sapato como um ser só, portanto precisa comprá-lo mesmo que não tenha dinheiro e aumente suas dívidas com isso). É seduzida pelo meio e tende a seduzir os outros (símbolos sexuais como Marilyn Monroe são desse tipo, o problema é que sente que não tem um caminho a seguir nem enxerga futuro nas situações em que se envolve). O explorador está tão absorvido pelo que observa que não consegue aprender com as experiências que tem, mesmo que já tenha passado várias vezes pela experiência A que sempre leva à conclusão B, que ele não quer; apesar disso, não consegue, antes de começar A, antever que vai levar a B e seguir em outra direção, porque não é capaz de fazer a ligação entre os dois. Além disso, sua mente em uma tentativa de se equilibrar desenvolve o lado negativo de seu tipo oposto, que é o Profeta, gerando muitas pressentimentos ruins que vão minando a pessoa. A solução é começar a explorar também seu interior, exatamente o que mais ele teme, e descobrir qual é seu caminho.

O Conservador

São pessoas mais chegadas às suas sensações interiores (observação interna); muitas gostam de atividades físicas ou são ligadas à área da saúde. Enquanto o Explorador está ligado aos objetos, o Conservador está mais vinculado ao sentido que estes têm para ele. Ou seja, só se importa com o que tem algum significado para ele e fica incomodado quando querem fazer o que considera um ataque ao que é encarado como importante, porque para ele isso é realmente sagrado. É, por isso, naturalmente a favor do *status quo*. Geralmente tem o que se costuma chamar de pensamento de classe média (mesmo que seja rico) e adora tradições. Mesmo que seja muito talentoso, como a percepção do mundo exterior não é boa, costuma ter muita dificuldade de enxergar seu potencial, porque não consegue ver o resultado de suas ações corretamente, o que pode levá-lo a ter uma vida muito limitada e a não explorar seus dons, e também a desenvolver o lado negativo de seu tipo oposto, o Oportunista, que é o de se enxergar preso em uma realidade sem possibilidades. A solução é começar a dar vazão à sua imaginação, que está sendo expressa inconscientemente.

Imaginação

A Imaginação é a função que nos diz quais são as possibilidades que algo pode ter. A pessoa ligada à Imaginação utiliza o que chamamos no BodyTalk dos cinco sentidos sutis (os sentidos normais leem o que está escrito nas linhas e os sutis, o que está nas entrelinhas, mas a imaginação é péssima para ler as linhas, como a Observação é péssima para as entrelinhas) como sua principal fonte de análise, e para lhe dizer como o mundo é e como as coisas funcionam, muitas vezes sem notar isso. Sua ligação com seus sentidos costuma ser mais fraca, mas como a pessoa não costuma se dar conta disso, não percebe que sua percepção é mais mental, dessa forma a coitada muitas vezes acredita que está vendo claramente o que está acontecendo e que se trata de algo palpável, quando, na verdade, está criando praticamente tudo em sua mente.

É uma pessoa muito ligada a abstrações; não só trabalha bem com conceitos abstratos, como também essa é a forma principal de sua mente funcionar. Como a maioria das pessoas é do tipo Observação (é necessário um bom QI para ser do tipo Imaginação, o que é uma minoria, sem falar que nem toda pessoa inteligente é desse tipo, o que reduz mais ainda o grupo), isso dificulta muitas vezes sua comunicação com os que estão à sua volta, já que os outros preferem o concreto e o palpável.

Ela é mais ligada ao que pode ser do que como as coisas são realmente, por isso é ótima para enxergar todo o potencial de uma ideia. Também é ótima para enxergar novas oportunidades ou para reformar aquilo que não serve mais, criando formas diferentes, gerando novos processos. Por isso se sai bem em tarefas nas quais essas características são necessárias.

Provavelmente é muito criativa e tem uma enorme facilidade de enxergar maneiras novas e diferentes de fazer as coisas. Embora cheia de inspiração, seu lado mais problemático é uma eterna insatisfação com o presente. Tende a viver mais no passado, ou temendo e/ou planejando o futuro. O presente parece ser um lugar do qual quer escapar a todo custo! Como tem o poder de perceber como as coisas poderiam ser melhores do que são agora, ela não consegue aceitá-las e ser grata pelo que tem, já que o que possui nunca é bom como poderia ser. Sua visão ampla dificulta que enxergue o que está à sua frente e possa apreciá-lo. Não possui apenas consciência do lado positivo, mas de tudo que pode dar errado, o que pode ser aterrador. Os problemas do passado podem atrapalhar a felicidade no presente pelo medo de que eles se repitam. Os momentos felizes do passado também servem de fonte de infelicidade quando os compara com os do presente. Se não tiver consciência dessa armadilha ou ponto cego que seu processo mental lhe confere, corre o risco de ser eternamente infeliz, já que ansiedade, melancolia, depressão e, em alguns casos, até paranoia podem estar presentes. Aprender a agradecer ao que tem e parar de enxergar o presente como um lugar terrível, do qual precisa desesperadamente escapar, e passar a percebê-lo como a matéria-prima para a concretização da visão futura que possui em seu interior podem ser um bom início para ajudar a solucionar esse problema. Outra coisa que pode ser muito necessária, como disse a grande psiquiatra brasileira Nise da Silveira ao falar do tipo de intuição junguiano, é não fugir da realidade e estar sempre em contato com coisas que alimentem os sentidos, como cozinhar, limpar a casa, algum serviço braçal, aulas de dança, preocupar-se com a aparência, etc. Agindo assim, a pessoa acaba se tornando até mais criativa, já que vai receber mais informações para trabalhar e criar em cima desses dados.

O tipo Imaginação costuma ter uma boa intuição e, quando deixa de ser escravo de sua mente, consegue separar o que intuiu do que fantasiou; essa intuição pode mesmo ajudá-lo e lhe ser útil desde que saiba que está tendo realmente uma intuição e poder assim investir nela.

A Imaginação está associada ao temperamento melancólico: é inteligente, criativa, profunda, mas presa a fantasias que são criadas por sua mente e que a pessoa pensa estar percebendo de forma realista o que está ocorrendo. O primeiro passo para se equilibrar e compreender é aceitar essa mente especial que vive criando fantasias, de certa forma fazer o mesmo que fez um famoso tipo Imaginação, John Nash, que teve sua vida retratada no filme *Uma Mente Brilhante*; não quero dizer que o tipo Imaginação é esquizofrênico, mas o trabalho que Nash fez de saber distinguir o que sua mente estava criando do que estava acontecendo realmente todo tipo Imaginação tem de fazer e, se não entender que possui uma mente que cria coisas o tempo inteiro, fica difícil se libertar dessa mente que o aprisiona. Outra coisa é desenvolver a Observação e procurar estar mais presente, como Nash fez. Precisa mesmo observar o que está ocorrendo e o caminho para isso é estar presente, como o fleumático costuma estar.

O Profeta

Se o Explorador tem uma enorme coragem de explorar o mundo exterior e um tremendo medo de explorar seu interior, esse tipo é exatamente o oposto: tem uma enorme facilidade e prazer de explorar seu interior, vive confortável neste mundo, mas sofre muito quando tem de explorar o exterior. Vive criando padrões em seu interior (Imaginação interna), em parte delirando, mas por outro lado tendo sacadas brilhantes; é um misto de louco com profeta, muitas vezes consegue enxergar o interior dos outros mesmo que não tenha intenção de fazê-lo. É extremamente inteligente e criativo e é do tipo que tem uma missão, um caminho a seguir, embora esse caminho possa ser alterado por causa de sua criatividade; está tão preocupado com o caminho (traçado por sua mente) que nem repara na paisagem (mundo físico). Como não pode estar tão ausente do mundo como gostaria de estar, sua mente tenta puxá-lo para a realidade por intermédio de seu tipo oposto, o Explorador. Isso se manifesta em comportamentos compulsivos relacionados a objetos, pessoas e sensações. A solução é estar mais presente no mundo e começar a explorá-lo.

O Oportunista

Oportunista aqui não significa alguém sem caráter, mas alguém que sabe perceber oportunidades e sai à caça delas. As pessoas desse tipo são muito engenhosas, são ótimas para terem soluções criativas de problemas, mesmo que estejam agindo de improviso e, geralmente, conseguem enxergar muitas possibilidades nas situações com que se deparam no meio do caminho (Imaginação exterior). No entanto, quando sentem que exploraram todas, vão perdendo o interesse, seja em relacionamentos, em um trabalho ou qualquer outra coisa. Começam a sentir-se oprimidas e presas e querem ir embora, já que não enxergam mais sentido em ficar. Em uma tentativa de equilíbrio, a mente por meio de seu tipo oposto, o Conservador, cria muitos sintomas físicos desagradáveis, as pessoas podem ficar até hipocondríacas, numa tentativa de fazê-las olhar para dentro de si para saber o que é sagrado para elas, porque só isso pode acabar com sua inquietação e com o vazio que sentem dentro de si.

Racionalidade

Esta é a função que nos diz o que é algo. O tipo Racionalidade é racional e objetivo. Ele analisa os fatos e observa todos os aspectos e a partir deles tira suas próprias conclusões lógicas, que servirão como um norte para as decisões que irá tomar.

Acredita em princípios e regras claras que servem para todos, por isso ir contra esses princípios não é apenas ilógico, mas também injusto. Por exemplo, na cabeça dele, se ele chegou à conclusão lógica de que receber seguro-desemprego é errado, apoiar alguém que receba esse seguro é, além de ilógico, também injusto, porque receber seguro-desemprego é errado e ponto final. E, se é errado, é errado para todos e ninguém pode estar acima disso, porque é ilógico uma regra servir para uns e não servir para outros.

Por causa desse temperamento, esse tipo pode ficar contra um amigo e a favor de um inimigo, se o inimigo estiver logicamente correto e o amigo logicamente errado, o que talvez acabará com a amizade, sobretudo se o amigo for alguém do tipo Emocionalidade, pois vai se sentir totalmente traído.

Não precisa nem "trair" o amigo emocional para perder sua amizade, a relação entre os dois pode rapidamente "azedar", porque o tipo Racionalidade não é muito de levar em conta o valor que as coisas têm para as outras pessoas.

Esse tipo também não gosta muito de demonstrar seus sentimentos nem costuma gostar muito de que os outros expressem os seus. Para ele, o mundo ideal seria o mundo onde todos usassem apenas a lógica e bons argumentos, em vez de crises de choro e de sentimentalismo barato. A livre expressão das emoções é algo tido como irracional e por isso deve ser evitada. A verdade é que ele não sabe como lidar com as emoções, tanto as dos outros como as dele.

Por isso, não é o tipo de pessoa para quem se deve pedir colo, por pior que você esteja se sentindo. Ele vai estar se sentindo pior que você se tiver de ficar nessa posição. Sem contar que, se a lógica dele achar que você é culpado da situação e se ele não tiver aprendido a se segurar nessas circunstâncias, pode dizer sem rodeios que a culpa é sua e que você deveria ter pensado mais antes de ter começado a situação na qual se meteu. O melhor uso que um sentimental pode fazer de uma amizade com esse tipo é, no caso do exemplo anterior, depois de ter chorado sozinho, ou ter ganhado colo de um amigo que seja também do tipo Emocionalidade, chamá-lo para conversar e querer saber realmente o que foi que você fez de errado, porque está mesmo não querendo mais repetir o erro.

É interessante saber que 75% dos homens são desse tipo contra apenas 25% das mulheres. Isso em parte explica alguns dos problemas que costumam existir entre os sexos e por que as mulheres costumam achar que os homens são insensíveis. Os homens precisam desenvolver a função Emocionalidade e as mulheres a Racionalidade para que possa haver uma verdadeira comunicação entre eles.

Esse tipo se dará melhor em áreas em que é necessária a análise lógica e objetiva dos fatos, e deveria evitar atividades ligadas a áreas como aconselhamento ou que envolvam atendimento ao público. Um subordinado desse tipo exercerá suas funções com um desempenho melhor se as informações passadas a ele forem por meio de fatos lógicos e objetivos.

Como chefe, o tipo Racionalidade, se não aprender a reconhecer e a respeitar o que é importante para os outros, pode ser encarado pelos subordinados como um carrasco desumano, principalmente se for um Ativo como um Construtor Profeta, por exemplo. Reconhecer o valor da função Emocionalidade não fará dele apenas um chefe melhor. Na verdade, todos do tipo Racionalidade, independentemente de estarem ocupando um cargo de chefia, devem fazer isso: não só deixarão de infernizar a vida do tipo Emocionalidade, mas também vão trazer mais colorido às suas vidas, porque o tipo Pensamento muitas vezes se pune, não se permitindo pequenos prazeres, pois simplesmente não os considera lógicos. Às vezes, pensar: "Isso não tem nenhuma lógica, mas eu quero porque é importante para mim e vai me fazer feliz" é muito mais importante e não deixa de ser um pensamento lógico, afinal, ninguém pode se condicionar a ser feliz apenas se essa felicidade for lógica, porque, caso contrário, vai preferir ser infeliz para sempre, isso sim é algo 100% ilógico!

A função Racionalidade está relacionada ao temperamento colérico, por isso, está ligada a uma forma de tomar decisões e agir. Quem é racional costuma ficar com raiva quando acha que as pessoas são burras ou incoerentes, ou não se comportam de uma forma que ele acredite que as pessoas pela lógica deveriam agir. O colérico passa por cima dos outros feito um trator, sendo muitas vezes cruel porque falta a ele desenvolver a Emocionalidade.

O Construtor

Busca obter informações, gosta de resolver problemas e tem facilidade de se comunicar. Quer transformar suas ideias em realidade e se esforça para isso (Racionalidade exterior). O problema desse tipo é que, como está muito apegado a fatos e à lógica, pode se tornar um ser robótico, só fazendo aquilo que considerar lógico e racional, sem ter contato com o que é realmente importante e gratificante não só para si mesmo, mas também para os outros, podendo fazer com que estes resistam às suas ações. Seu cérebro, em uma tentativa de equilíbrio, pode fazer com que expresse seus sentimentos de forma completamente desequilibrada e deselegante, e também ter sentimentos negativos, que não passam de um chamado para desenvolver seu tipo oposto, o Idealista, o que vai levá-lo a saber quais são seus valores, o que é importante para ele (pelo que ele quer lutar) e torná-lo mais humano.

O Niilista

Esse tipo está ligado aos filósofos, aos matemáticos e a pessoas que desenvolvem ideias pessoais. Ele não se interessa pelas ideias que estão em voga na sociedade, na verdade quer destruí-las, no melhor dos casos reformulá-las (Racionalidade interna). O problema é que muitas vezes ele não se dá ao trabalho de estudar e conhecer o que quer transformar para saber se realmente tais ideias precisam ser reformuladas. Intelectuais socialistas costumam ter esse tipo de mentalidade quando afirmam que tudo em nossa sociedade é uma construção e que deve ser descontruído; mesmo os comportamentos que parecem ter origens biológicas são tidos como construção e ainda que se trate do que é realmente fruto de uma construção, não fica clara a razão da desconstrução. Porque é apenas uma necessidade de se desconstruir o que está construído, trocar as ideias atuais pelas que eles desenvolveram em seu mundo interior alheios ao mundo real, essas ideias tem pouca chance de funcionarem na prática. A mente busca equilíbrio em um compulsivo desejo de agradar aos outros, que é uma tentativa de ajudá-lo a se libertar com o auxílio de seu tipo oposto, o Agregador, que ao contrário do Niilista não quer ver o circo pegar fogo, mas criar a harmonia em seu meio.

Emocionalidade

Essa função nos diz quanto algo vale para nós. A Racionalidade diz: isto é preto ou isto é branco. Mas a Emocionalidade vai mensurar o valor que o preto e o branco têm para o indivíduo.

O preto é sempre preto e o branco é sempre branco, mas os valores atribuídos a eles variam de indivíduo para indivíduo. Por isso, a Racionalidade é objetiva, já a Emocionalidade é completamente subjetiva. Para ela, na hora de tomar decisões, não importa a lógica por trás dos fatos, e sim os valores atribuídos a estes, tanto pelos desse tipo quanto pelos outros, já que valorizam muito a harmonia e o consenso entre as partes. Logo, outra de suas características é o temperamento conciliador. Costumam ter uma forte empatia com os demais, por isso o que é importante para o outro é também importante para os deste tipo. Eles costumam ser pessoas que gostam de ajudar, podendo se engajar em causas humanitárias.

Esse tipo, no exemplo do caso do amigo que contamos no tipo Racionalidade, ficaria ao lado da pessoa mesmo que ela estivesse errado, porque para ele isso pode não ser o mais lógico a ser feito, mas é o moralmente correto. Para ele não é nada incoerente usar dois pesos e duas medidas. O que importa é o que seus valores morais lhe dizem ser o certo; se esses valores são irracionais e até mesmo de uma ética duvidosa, isso não importa.

Daí um ponto cego bastante perigoso desse tipo psicológico: por exemplo, se assassinar cem pessoas inocentes por uma determinada causa que defende for moralmente justificado dentro de seus valores morais, justo ele, que é tão sensível e humanitário, o fará e sem hesitar. Agora, vamos dizer que com essa ação ele salvaria a vida de 50 pessoas, mesmo assim, iria até o fim, mesmo que seja completamente insano matar cem pessoas para salvar 50. E por que o faria? Porque lhe falta a função da Racionalidade para lhe mostrar o quanto isso é ilógico e absurdo. Dessa forma, é muito perigoso tomar decisões apenas em seus valores, afinal um pouco de bom senso não faz mal a ninguém.

É claro, essa função tem um lado muito positivo. Esse tipo é muito bom para trabalhar como analista, terapeuta ou conselheiro, e qualquer trabalho que lide com o público, principalmente se o intuito for ajudar o próximo. Costuma ser um excelente colega de trabalho porque gosta de pessoas e estas gostam dele, e até o tipo Racionalidade pode se dar muito bem com ele, desde que use sua sensibilidade para entender e respeitar a incapacidade do outro de lidar com exigências emocionais e demonstrações muito calorosas de afeto. Em um cargo de chefia, como se importa com as pessoas e busca a cooperação dos subordinados em vez de lhes impor sua vontade, costuma ter o apreço deles. O único problema é que pode ser considerado às vezes injusto por passar a mão na cabeça de funcionários problemáticos por seu medo de conflitos. Além de não enquadrar o servidor ruim, muitas vezes ainda lhe faz um cafuné. Por causa disso, se for chefe em um setor com muitos subordinados irresponsáveis ou preguiçosos, os poucos que trabalham bem podem se sentir explorados e desvalorizados. Só terá atritos com os péssimos subordinados se as atitudes destes forem contra seus valores, mas esses atritos também podem ocorrer com os bons subordinados.

A Emocionalidade está associada ao temperamento sanguíneo, por isso precisa usar o cérebro como freio para o coração, e isso é feito pelo desenvolvimento da Racionalidade. Como dissemos, funções opostas não podem ser utilizadas simultaneamente, por isso, se essa pessoa ficar 100% do tempo na Emocionalidade, não vai ser nunca lógica e precisa, porque está sempre usando a Emocionalidade para se decidir. É preciso aprender a ver os fatos friamente e não ter medo deles, por mais que pareçam terríveis para seu coração, e aprender a trabalhar com o que é e não com o que gostariam que fosse. Um curso de Filosofia ou de Lógica pode ajudar. A Lógica pode auxiliar muito a detectar furos em suas ideias, as quais você costuma achar perfeitas, e o são sobre a ótica do coração. Porém, quando você usa a Lógica pode perceber que são completamente incoerentes, e uma ideia, por mais linda que seja, se não é coerente nem está fundamentada nos fatos, não tem como funcionar.

Vocês têm de aprender, por mais que doa, que o mundo não se adapta aos nossos corações, nossos corações é que têm de se adaptar. Meu coração acha que eu deveria voar como um pássaro, não adianta eu me jogar de um prédio de 20 andares e começar a mexer meus braços como se fossem asas que eu vou cair e morrer; mas, ao aceitar esse fato, isso me permite criar um avião e conseguir voar. A aceitação dos fatos nos ajuda a criar soluções para nossos problemas para chegarmos o mais perto possível do que nosso coração deseja.

O Idealista

Esse tipo parece ser frio, mas é só uma impressão porque ele não expressa seus sentimentos profundos e intensos (Emocionalidade interior). Na verdade, é romântico, doce e altruísta. Ele corre o risco de ser explorado pelos demais por causa de sua bondade, porque quer ver sempre o lado bom das pessoas e, mesmo quando percebe que determinada pessoa não é tão boa, é difícil para ele dizer não, ao contrário do tipo Agregador, que por trás de sua fachada do melhor cara do mundo e que está com você para o que der e vier, toda vez que for pedido algo que o tire de sua zona de conforto, ele dirá não sem pestanejar. Entretanto, o Idealista precisa de uns mil cursos de como aprender a dizer não para começar a fazê-lo, talvez não seja só por bondade, mas também por ser mesmo difícil expressar externamente suas emoções. No fundo sabe que precisa fazer algo com seus sentimentos nobres, mas estes correm o risco de ficar trancados em seu interior e acabar sendo desperdiçados. A mente, na busca do equilíbrio, pode acabar por levar a pessoa a buscar informações compulsivamente e ter algumas ações impulsivas, isso é uma tentativa de levá-la para o seu oposto, o Construtor, que é o necessário para que possa dar uma vazão útil e construtiva e a serviço da humanidade de sua rica natureza emocional.

O Agregador

Quer estar bem com tudo e todos e por isso procura harmonizar as pessoas e o ambiente à sua volta (Emocionalidade externa). Esse tipo é gentil, agradável, uma pessoa que oferece o ombro para os outros e está disposto a ouvi-los. Por outro lado, não é uma pessoa que está disposta a fazer muitos sacrifícios pelos demais, e pode até ajudar se isso não for muito incômodo. Mas a necessidade de auxiliar não é o que o move, e sim a necessidade de estar em harmonia e de agradar aos outros, por isso não gosta de conflitos e prefere não enxergá-los. A mente, na busca de equilíbrio, pode levá-lo a agir de modo inconsciente como se fosse um demoniozinho que quer contestar e pôr tudo abaixo, que é uma tentativa de desenvolver o seu oposto, o Niilista, o qual quer levá-lo a descobrir quem é e a desenvolver suas próprias ideias em vez de ser alguém que se anula para agradar aos outros.

O Ativo

Esse tipo gosta de analisar os fatos para o mais rápido se decidir acerca do que quer. "Isso é bom! Isso não presta! Este caminho é errado! Este é o caminho certo!" É isso que o tipo Ativo busca: decidir-se o mais breve possível pelo caminho que considera ser o certo. Enquanto não tomar essa decisão, haverá inquietação interior. Como trabalha com julgamentos, valoriza, e muito, experiências passadas, já que foram baseadas em julgamentos anteriores. Também costuma ser chegado a uma rotina.

No momento em que se decide, muito dificilmente muda de ideia e se apressa a seguir na direção escolhida. Se houver outras pessoas envolvidas, é muito provável que queira obrigá-las a seguir nessa direção e no mesmo ritmo dele, porque não gosta de ser atrasado por retardatários. O Ativo quer controlar a vida e, quando não consegue, costuma ficar muito frustrado. Costuma se preparar para tudo o que faz sempre que possível, porque detesta improvisos. Detesta também correrias de última hora, por isso planeja e programa tudo o que vai fazer.

Se você tem de lidar com uma pessoa do tipo Ativo, lembre-se de cumprir compromissos e prazos, não se atrase em encontros; se ele marcou com você às 14 horas, não é para chegar às 14:h15. Se prometeu algo, cumpra! Se tem de fazer algo, faça!

Essa coisa demasiado certinha dos Ativos sem dúvida os ajuda a atingirem seus objetivos, mas pode tornar a vida muito monótona e pobre, reduzindo o ser humano a uma máquina que só executa tarefas da forma mais eficiente e no prazo estabelecido.

No entanto, se desejasse essa vida sem graça só para si ainda vai, mas o maior problema é que muitas vezes quer impô-la aos demais. Ele pode se tornar muito intimidador, principalmente se for um Extrovertido que costuma ter menos freios para se expressar, a não ser que seja também do tipo Emocionalidade. Por isso, se ele estiver ocupando um cargo de chefia, pode se tornar uma pessoa muito difícil de lidar se não tiver aprendido uma maneira sofisticada de convencer seus subordinados a segui-lo.

O tipo Ativo precisa entender que um pouco de flexibilidade é importante na vida, porque uma pessoa muito inflexível é partida ao meio por ela, sem contar que essa mesma flexibilidade abre as portas para novos conhecimentos e para o aperfeiçoamento de métodos de trabalho. Não é porque você observou algo e chegou a uma determinada conclusão que não pode voltar a analisar outra vez e fazer um novo julgamento e comparar com outros mais recentes. Esse procedimento só fará bem, o que tem de ser conservado será conservado e o que tiver de ser trocado será, e assim, ao invés de ficar estagnado, seu crescimento será constante.

Todo Ativo terá ou a função de Racionalidade ou a de Emocionalidade para fora, por isso terá como função Dominante ou Coadjuvante o tipo Construtor ou Agregador.

O Construtor pode usar sua atividade querendo passar por cima dos outros para realizar as metas a que se destina. Se não conseguir entender que nem todos têm sua força, sua lógica e sua determinação e que não adianta obrigá-los que eles não vão conseguir agir para acompanhá-lo, ele vai viver tendo atritos, principalmente com os subordinados. Precisa aprender também a vender suas ideias em vez de impô-las (isso se origina de sua natureza colérica, já que pertence ao tipo Racionalidade). Ou seja, deve ver sua equipe como seus parceiros e não como seus escravos, porque eles não vão render o que podem e talvez ainda queiram sabotá-lo. Entenda que você precisa de sua equipe e a respeite!

O Agregador agirá de forma mais equilibrada que o Construtor ao exercer sua atividade. Ele, em vez de impor suas ideias aos demais, tentará convencê-los de quanto elas são boas, até mesmo porque para o Agregador é difícil dar um passo sem o apoio dos outros. Isso pode dificultar que projetos avancem. É lógico que vai depender da habilidade do Agregador de conseguir o apoio dos demais, que vai variar em cada caso. Mas, quando essa habilidade não for das melhores, a situação pode não avançar, podendo frustrar sua natureza ativa que não gosta de ficar parada. Por isso é importante entender que em algumas horas é necessário se impor e ter um pouco de personalidade, porque caso contrário você vai se condenar a uma vida de frustração. Lembre-se, você não tem de ser bonzinho, você tem de ser justo.

O Passivo

Para esse tipo a vida é uma escola, por isso ele está sempre querendo aprender coisas novas. Como consequência, ao contrário do tipo Ativo, detesta tomar decisões e prefere deixar suas opções em aberto. Também detesta essa coisa de organizar e estruturar, que é obsessão para o Ativo. Seu foco está em compreender e experimentar a vida.

Seu modo de viver a vida é flexível e espontâneo, dessa forma, costuma ser uma pessoa que tem muita facilidade para se adaptar. Graças a isso, os Passivos são bons em improvisar em situações emergenciais. Confiam em sua criatividade para resolver seus problemas.

São abertos a mudanças; na verdade, costumam gostar muito de mudanças, já que rotinas tendem a deixá-los para baixo. Não são mesmo o tipo de pessoa que fica feliz fazendo sempre as mesmas coisas e com as mesmas pessoas.

No entanto, se a vida fosse a fábula da formiga e da cigarra, a formiga seria o tipo Ativo e a cigarra, o tipo Passivo. Por isso, esse tipo, se não quiser virar um parasita e viver à custa dos outros, ou terminar seus dias na rua da amargura, terá de desenvolver um pouco sua função Ativo. Caso contrário, não conseguirá parar em um emprego, isso se for procurar um. Não adianta ter um monte de experiências incríveis e aprender muito com elas se não conseguir se organizar e se disciplinar para fazer algo útil com toda essa informação. Sem contar que esse comportamento, quando está fora de controle, traz muitos transtornos para as pessoas em volta desse indivíduo, as quais com certeza terão muita raiva de tamanha irresponsabilidade, e não serão apenas os tipos Ativos que ficarão furiosos, até os do tipo Passivo mais equilibrados não tolerarão esse comportamento. É preciso compreender que na medida certa a função Ativo não é sua inimiga, mas sua maior aliada para alçar voos cada vez maiores.

O tipo Passivo tem as funções Racionalidade ou Emocionalidade voltadas para o seu interior, por isso terá o Niilista ou o Idealista como função Dominante ou Coadjuvante.

O Niilista será provavelmente menos passivo que o Idealista, porque como é do tipo Racionalidade tem o temperamento colérico envolvido. Além disso, por ser racional, sempre que sua mente se convencer de que o mais lógico é agir, ele vai agir, se bem que essa ação pode ser para desconstruir o *status quo*. Aliás, ele tenta destruir a estrutura de nossa sociedade porque a acusa de seus fracassos, que, entretanto, se originam de sua natureza passiva que está mais preocupada em se masturbar mentalmente do que em ser produtivo de verdade. Ninguém tem culpa de que você é um bundão, pare de ser invejoso e use sua inteligência para construir alguma coisa e você vai ver como sua vida melhora.

Já a passividade do Idealista, quando se junta à Emocionalidade, muitas vezes forma um tipo de pessoa que crê que encontrou a luz e é um iluminado. Você conhece alguém que acredita que se acabássemos com todas as regras e estruturas de nossa sociedade e só fizéssemos o que manda nosso coração, viveríamos como um monte de hippies que entre um baseado e outro estariam dançando e cantando "Aquarius" alegremente pelas ruas. Um mundo só de alegrias e muitas experiências sem nada para nos limitar, nada, além da realidade, que transformaria esse mundo idílico em uma sociedade miserável onde a fome, doenças e pestes se propagariam e as pessoas, ao invés de viverem rindo e cantando, iam viver tentando matar umas às outras. Por isso, se você é desse tipo, pare de acreditar que achou a luz e ficar enchendo os outros com essas suas fantasias bobas. É verdade que os outros precisam se equilibrar, mas você também; aprendendo a usar mais sua racionalidade e a sua função Ativo, vai poder utilizar sua criatividade de uma forma mais construtiva.

As Funções

Função Dominante

Das quatros funções principais: Observação, Imaginação, Racionalidade e Emocionalidade, uma delas é a que nós usamos com mais frequência e, com isso, ela vai se tornando mais atuante e mais forte que as outras três. Como consequência, é ela que passamos a ter como base de nosso tipo psicológico. A função dominante do extrovertido sempre será voltada para fora e a do introvertido será sempre voltada para o interior. Exemplo: uma pessoa que é a fusão da Emocionalidade externa e Observação interna, se ela é extrovertida, a Emocionalidade exterior será sua função principal; nesse caso ela é do tipo Agregador e a principal característica dessa pessoa é ser alguém que gosta de estar em harmonia com as pessoas e tem facilidade de se relacionar com os outros. Se a pessoa do exemplo for introvertida, sua função principal é a Observação interna, que corresponde ao tipo Conservador, ou seja, uma pessoa que busca nos objetos e no meio à sua volta o que é sagrado para ela.

A função dominante é determinada da seguinte forma: se a pessoa é Ativa, uma das funções de Decisão (Emocionalidade ou Racionalidade) tem de ser extrovertida, já que é por meio dessa função que ela avança pela vida; se a função de Decisão fosse introvertida, o processo seria interno, voltado mais para si mesmo do que para o mundo exterior, ou seja, a pessoa não iria olhar para fora para tomar decisões. Por isso, uma pessoa precisa saber em primeiro lugar se ela é extrovertida ou introvertida, e depois se se identifica mais com o tipo Ativo ou Passivo.

Depois terá de perceber em quais das quatro funções principais se encaixa mais. Você é alguém que usa mais a Imaginação para dizer como o mundo é? Ou prefere usar a Observação? Você toma mais suas decisões pela lógica e razão ou o que importa é o que você considera ser o certo? Depois que você descobriu sua função de Análise e a de Decisão, fica mais fácil montar o quebra-cabeça. Se você for ativo, sua função de decisão será para fora (ou é um Construtor ou é um Agregador) e, como consequência, a da análise será voltada ao interior (ou um Profeta ou um Conservador). Se você for passivo, sua função de decisão é voltada para dentro (ou é um Niilista ou um Idealista) e sua função de Análise é voltada para fora (ou Oportunista ou um Explorador). No primeiro caso, se o indivíduo for extrovertido, sua função principal é voltada para fora, por isso ou ele é um Construtor ou é um Agregador, que vão ter a ajuda como função coadjuvante ou do Profeta ou do Conservador; vamos supor que essa pessoa é Racional e Observadora, então sua função dominante é o Construtor (Racionalidade externa) e a coadjuvante é o Conservador (Observação interna), então teremos o tipo Construtor Conservador. Já se ela for introvertida, sua função principal será ou o Profeta ou o Conservador, e a coadjuvante será ou o Construtor ou o Agregador. Se a pessoa se enxergar também como racional e observadora, então será o tipo Conservador Construtor. Você pode se perguntar se Construtor Conservador e Conservador Construtor são a mesma coisa, mas não. Eles terão características parecidas, mas o primeiro nome indica o que é mais importante e o segundo nome o que está dando suporte. Lembra-se de quando falei que há pessoas que têm o temperamento quase puro? Pois essas são pessoas que têm a função principal tão forte que a coadjuvante quase não consegue fazer seu trabalho de tentar equilibrar a mente; por exemplo, o colérico deveria ser auxiliado por alguma função de Análise (Observação ou Imaginação), mas a Racionalidade é tão forte que a pessoa não consegue perceber seu ambiente e, como não percebe as coisas, sai passando por cima de todo mundo. Por isso, o primeiro nome é o que a pessoa é realmente; o segundo é a principal ajuda para ser quem ela é, mas o grau de ajuda vai variar de pessoa para pessoa. O Construtor Conservador é alguém que quer dar forma às suas ideias; como o Conservador é seu coadjuvante, essas ideias estão relacionadas ao que a pessoa considera ser sagrado e quer manter. Já o Conservador Construtor quer conservar o que é sagrado para ele, e é capaz de trabalhar duro para isso. O foco do primeiro é: eu quero construir (como vai construir? Conservando) e o foco do segundo, eu quero conservar (como conserva? Construindo). Isso vai ficar mais claro quando eu descrever os tipos.

Função Coadjuvante

É a segunda função mais poderosa do indivíduo e, como o próprio nome diz, é uma coadjuvante da função dominante. Além de apoiar, ela traz um equilíbrio entre extroversão e introversão e entre as funções de Análise (Observação e Imaginação) e as funções de Decisão (Racionalidade e Emocionalidade). Se a função dominante for de Análise, a coadjuvante será obrigatoriamente de Decisão e vice-versa. Se a Dominante for extrovertida, isso força a coadjuvante a ser introvertida.

Terceira Função

Essa função é relativamente mais fraca, a não ser no caso de indivíduos mais complexos, e costuma ser o oposto da função coadjuvante. Nesse caso do Construtor Conservador, o Oportunista será a terceira função, já que a Imaginação externa (o Oportunista) é o oposto da Observação interna (o Conservador).

Função Inconsciente (Sombra)

É a função oposta à função dominante. No exemplo do Construtor Conservador, como a função dominante é o Construtor (Racionalidade exterior), sua função inconsciente é o Idealista (Emocionalidade interior).

A função inconsciente tem muito menos força por causa da ênfase na função dominante: como a pessoa se ocupa demais em expressar seu lado Construtor, não consegue acessar sua natureza idealista, que fica como se estivesse escondida em uma espécie de treva da qual sai principalmente quando o indivíduo está passando por um tremendo estresse.

A função inconsciente precisa ser reconhecida para não ser reprimida no inconsciente e emergir de forma danosa, e muitas vezes infantil, no exterior. O grau de facilidade ou dificuldade desse reconhecimento vai depender da ênfase dada na função dominante, porque quanto mais ênfase nesta, menos força terá a função inconciente. Basta pensar um pouco para entender a razão: em nosso exemplo, se a pessoa voltar toda a sua energia mental para expressar sua Racionalidade externamente, o que vai sobrar para a sua Emocionalidade interior? Portanto, as duas não podem ser expressas simultaneamente.

Quando a diferença entre essas quatro funções é muito desigual, as pessoas tendem a se tornar neuróticas, principalmente no caso da função inconsciente, que será a mais fraca e, quanto mais fraca uma função, menos consciência você tem desta, pois vai mergulhando no inconsciente e se tornando autônoma e quase sempre se manifestando de uma forma imatura e neurótica. Quanto mais distorcida for nossa noção da realidade, mais neuróticos seremos.

A função inconsciente é o Mr. Jekyll do Dr. Hyde, na verdade ele se torna um monstro porque o Dr. Hyde insiste em reprimi-lo e, com isso, acaba não dando outra opção para o coitado se expressar. Quando falei que a função dominante é a que diz quem nós somos, disse apenas a metade da verdade. Nossa outra metade é a função inconsciente, que por alguma razão resolvemos reprimi-la de nossa personalidade e deixar de expressá-la conscientemente e de um modo saudável. Ela se transformou em um monstro que pode inclusive nos destruir, mas isso não passa de um esforço de nossa própria mente de trazer esse lado de volta para nossa consciência. Uma tentativa de voltar a ser íntegra e de ter equilíbrio.

Explorador/Profeta

O Explorador é a função inconsciente do Profeta porque este tem seu caminho definido em sua mente, mas precisa explorá-lo e vivenciá-lo no mundo físico. Do que adianta ter um caminho se você não o explorar? Por isso, ele não pode ficar preso em seu interior desenvolvendo teorias e vivenciando a vida só por fantasias, precisa saber o que visualizou e na prática aprender com isso, para a partir daí ter novas visões e com base nessas novas visões começar novas explorações. Já o Profeta é a função inconsciente do Explorador, porque este se deixa seduzir por tudo e por todos que encontra; agindo assim, ele não chega a lugar nenhum. Por que age assim? Porque esqueceu qual é seu caminho, pois tornou seu lado Profeta inconsciente; em algum momento ele devia saber qual era, mas "esqueceu", precisa voltar a lembrar para saber o que tem de explorar e pelo que deve se deixar seduzir. Se não fizer isso não vai conseguir ver um futuro em nada que faz, porque tudo acaba sendo apenas um encontro fortuito que acaba se tornando com o tempo frustrante. O Profeta explora seu mundo interior e o Explorador, o lado de fora; é como se cada um tivesse a metade de um mapa, e cada parte só tem uma real serventia quando as duas estão unidas.

Conservador/Oportunista

O Conservador é a função inconsciente do Oportunista porque este vive abrindo portas, mas nunca se pergunta o que está procurando nessas portas que está abrindo. Parece que acredita que esse ato basta em si mesmo, porque o que procura encontrar tornou-se inconsciente, por causa do medo. Porém, o que ele quer encontrar é algo que considere sagrado, algo que valha apenas viver ou até mesmo morrer, algo que ele continue amando quando deixar de ser uma novidade e que o preencha. O Conservador é que pode ajudá-lo a descobrir o que é, descobrir o que era sagrado, mas foi escondido no inconsciente, que precisa ser resgatado para que a pessoa possa se sentir inteira de novo. Já o Oportunista equilibra o Conservador porque este, ao se preocupar em preservar aquilo que considera sagrado, muitas vezes limita sua vida, subestima seus valores, e sua vida passa a ser uma coisa medíocre e sem horizontes. Por que tem medo de ter horizontes? Será porque acredita que vá perder de vista o que é sagrado? Ou perceber que o que era sagrado no passado pode não ser mais hoje? Como saber que algo é sagrado se você não o comparar com outras coisas? É justo sacrificar seus recursos e talentos? Ao abrir outras portas, você vai descobrir outras preciosidades que vão enriquecer muito mais sua vida e perceber que não é apenas em seu interior que se encontram tesouros. Lembre-se, gostando ou não, você é metade Oportunista e tem de se abrir para esse mar de oportunidades que a vida lhe oferece e saber dar valor a ele, usando seus recursos inventivos para melhorar e enriquecer sua vida. O Conservador reconhece o que é valioso, mas é o Oportunista, ao sair abrindo portas, que traz a oportunidade de serem encontrados novos tesouros.

Construtor/Idealista

O Construtor é a função inconsciente do Idealista, porque este só tem ideais pois no fundo quer transformá-los em realidade, mas por alguma razão passou a ter medo de tentar fazer isso e se contentou em viver em um mundinho fofinho dentro de si mesmo. Entretanto, essa vontade de transformar seus ideais em realidade e com eles deixar sua marca no mundo está contida em seu inconsciente. Ser um Construtor é a finalidade do Idealista, e negar essa realidade só vai gerar problemas, por isso acredite no valor de seus ideais e lute por eles. Já o Idealista é a função inconsciente do Construtor, porque este corre tanto por aí querendo ser alguém, fazer as coisas acontecerem. Ele realmente tem um enorme desejo de construir, mas não se pergunta de onde nasce esse desejo e o que ele quer realmente construir. O desejo de construir veio de seu lado Idealista que no presente está inconsciente, mas que já foi consciente nos primeiros anos de vida, por isso esse lado precisa ser resgatado para que a pessoa saiba o que realmente quer fazer. Um construtor eficiente não é o que constrói qualquer coisa, mas o que constrói o que veio fazer; de nada adianta ter construído uma casa se tinha de construir um navio. Por isso é o Idealista que transforma o Construtor em um ser eficiente. O Idealista cria em seu interior aquilo que o Construtor vai criar no exterior, por isso cada um é apenas um lado de uma mesma moeda.

Niilista/Agregador

O Niilista é a função inconsciente do Agregador porque este, para se harmonizar com os outros, esquece quais são suas ideias e pontos de vista. Esquece que o principal motivo de querermos fazer parte de um grupo é nos expressarmos dentro dele. De que adianta viver em um grupo para se anular? Ao enterrar bem fundo no inconsciente seu lado Niilista, ele se torna um bajulador sem personalidade e um fraco que não suporta conflitos, por isso prefere ignorá-los, e um bobão que fica arrasado quando alguém não gosta dele e por causa disso aceita muita coisa calado. O Niilista é o seu lado que não tem medo de dizer "foda-se" quando não está sendo respeitado, não que você tenha de viver mandando todo mundo se foder, mas tem de se lembrar que sua função é agregar e não se anular, e que você pode ajudar muito mais o grupo se contribuir com sua visão de mundo em vez de ficar fazendo esse número bobo de pessoa legal o tempo inteiro, que, para o seu desespero, nem todo mundo considera tão legal assim. Há quem prefira quem tem personalidade, e você tem; descubra qual é e a expresse de forma harmoniosa, porque esse é seu desafio. Já o Agregador é a função inconsciente do Niilista porque no fundo o porpósito dele de acabar com a estrutura de nossa sociedade é um desejo por harmonia, mas, como ele esqueceu isso, acaba sendo potencialmente muito destrutivo. Ele alega que quer mudanças porque algumas coisas não são justas. E o que é injustiça? Uma forma de desequilíbrio, de desarmonia que ele do seu jeito está tentando resolver; quer explodir com tudo porque não sabe mais harmonizar, prefere impor seu ponto de vista, melhor que seja à força do que não ser. Não consegue reconhecer quando está errado e o grupo ou um membro dele está certo, porque acredita que todas as respostas estão contidas em sua cabeça iluminada, nem ao menos é necessário tato para apresentá-las aos demais (todo Niilista adora um debate). Ao entender que o Agregador é sua função inconsciente, fica claro qual é seu objetivo inicial, o propósito de sua revolta e de sua luta: o desejo de harmonia; isso faz sua ficha cair e entender que na verdade ele não está vencendo, mas falhando nesse objetivo ao se portar do jeito que age e também o faz entender que, por causa de sua perspectiva limitada e de não querer ouvir os outros, suas ideias não são tão brilhantes como pensa, muitas delas sendo verdadeiras utopias que nunca vão poder ser realizadas. Só assimilando seu lado Agregador ele poderá conseguir conquistar seu objetivo. O Agregador vive procurando a harmonia por meio da relação com as pessoas e o ambiente, e o Niilista, reformulando conceitos que não servem mais. Quando esses lados se unem, fornecem-nos alguém com pensamentos profundos capazes de mudar a vida de todos e que são aplicados com diplomacia e com a parceria dos membros do grupo, porque, antes de ser um projeto de apenas uma pessoa que somente está sendo imposto, eles são na verdade um projeto construído por todos. Essa é a função desse par.

Vou dar um exemplo meu para que vocês entendam melhor como uma parte de nós acaba se tornando uma função inconsciente. Sou um Profeta, por isso minha função inconsciente é o Explorador. E como o Explorador se tornou minha função inconsciente? Eu me lembro de que quando era pequeno gostava bastante de explorar o mundo exterior, tanto quanto gostava de meu interior. Mas um dia, quando eu tinha de cinco para seis anos, meu pai, que era alcoolista, ao chegar embriagado em casa deixou um dinheiro na mesinha na qual ficava nossa TV. Eu, ao ver esse dinheiro, e como nunca tinha dinheiro para nada, ao contrário de meus amigos, resolvi pegá-lo e comecei a gastá-lo, pagando coisas para mim e para os meus colegas. Meu irmão gêmeo me pediu parte do dinheiro e eu não dei. Então, ele contou para meu pai que eu tinha pegado o dinheiro. O que fiz não estava certo e merecia mesmo ser punido, só que meu pai não era um pai bom e responsável, era um bêbado irresponsável que não dava a mínima para os filhos e não me castigou para me educar. Ele me bateu apenas porque estava com raiva e me deu socos, chutes, me agrediu mesmo como se eu fosse um adulto. Depois da surra, fiquei com meu sistema nervoso completamente abalado. Quase imediatamente depois, minha mãe chegou do trabalho e, ao saber do ocorrido, não fez nada para repreender meu pai, e não pense que foi porque ela tinha medo dele, na verdade ele é que tinha medo dela. Minha mãe não fez nada porque achou certo e ainda me disse que eu não prestava porque não lhe dei o dinheiro para comprar uma injeção que meu irmão mais velho, que eu nem sabia que estava doente, precisava tomar. Depois desse dia nunca mais fui o mesmo, pois, não sei se porque foi logo depois de apanhar, mas fundi a crítica de minha mãe com a surra que eu levei. Toda vez que ela me criticava, eu sentia que estava levando outra surra igual à que meu pai havia me dado e, como ela me criticava por tudo, até por coisas que 99% das mães consideravam normais, eu vivia em pânico; como também sou Construtor, eu começava a berrar com ela, o que a deixava com mais raiva, e assim ficava mais agressiva e eu com cada vez mais medo. Comecei a ver não só as críticas dela, mas também a de qualquer um como uma surra e por isso fui me fechando cada vez mais em meu mundinho interior, onde me sentia confortável, porque ninguém podia me ameaçar e onde as coisas eram do jeito que eu queria. Para que ir ao mundo exterior se as pessoas eram asquerosas e só queriam me machucar? E quanto mais explorava meu mundo interior, mais medo eu tinha do exterior. Foi assim que meu lado Explorador foi se tornando inconsciente. Ele não deixou de existir, eu simplesmente tentei ignorá-lo, mas ainda se manifestava em episódios como comer demais, comprar o que eu não queria por impulso, ficar vendo uma cena de filme umas 200 vezes e coisas assim. Não posso dizer que meu lado Explorador está 100% consciente, mas estou mais consciente dele e a cada dia tenho menos medo de explorar o mundo exterior. Espero que isso o ajude a encontrar o que pode tê-lo feito desistir dessa sua metade complementar, ou foi medo, ou foi culpa, ou achou que não adiantava agir dessa forma, ou recebeu muitas críticas, mas alguma coisa fez você achar que estaria fazendo um mal para si se não abrisse mão desse seu lado, e saber o que foi e superar esse fato é essencial para ser saudável e íntegro de novo.

Como Achar Suas Funções?

Releia os textos que falam sobre cada função e procure encontrar aquelas que indicam seu comportamento habitual. Faça uma lista com as características de cada função e circule as que você detectou em si, as que tiverem mais círculos serão sem dúvida suas predominantes. Se tiver muita dificuldade, apresente para algumas pessoas que o conheçam melhor; aliás, mesmo que você não tenha dúvida pode ser interessante fazer isso, até para perceber como os outros o veem. Sabendo suas funções proeminentes, fica fácil saber seu Herói.

Eu, por exemplo, sou Introvertido, tenho a Imaginação como função de Análise e a Racionalidade como função de Decisão e sou Ativo. Sendo Ativo, sei que minha função de Decisão é para fora, daí vem a

Racionalidade. Então a Racionalidade não pode ser minha função dominante, já que minha introversão obriga que minha função dominante seja voltada para meu interior. Em razão disso, minha função dominante é a Imaginação interior, por isso eu sou um Profeta; como minha função coadjuvante é a Racionalidade exterior, sou um Profeta Construtor, minha terceira função é a Idealista (o oposto do Construtor) e a função inconsciente é a de Explorador (o oposto do Profeta). Logo, sou um Profeta Construtor Idealista Explorador, mas para facilitar usamos apenas os dois primeiros nomes para indicar o nome de cada tipo.

Resumindo, o que você precisa saber é se é Introvertido ou Extrovertido, Ativo ou Passivo e qual é sua função de Decisão e a de Análise. Lembrando que o Extrovertido tem obrigatoriamente sua função dominante voltada para fora, por isso ele é extrovertido; e o Introvertido só é assim por tê-la voltada para dentro, e que os ativos só são ativos porque sua função de Decisão é exterior, e o Passivo só é dessa forma porque sua função de Análise é para fora.

As Quatro Categorias

Os Pensadores

Essa categoria é composta pela fusão dos tipos Imaginação e Racionalidade.

Os tipos imaginativos costumam ser criativos e querem mudar as coisas. Quando Imaginação e Racionalidade se unem, o que se pretende mudar está nos campos das ideias. Por isso os pensadores tendem a ser racionais e imparciais. Costumam ser independentes e ter as mentes abertas; serem enérgicos e cheios de imaginação. Preocupam-se mais com o que funciona do que com o que é considerado politicamente correto. Costumam ser bons no campo intelectual, mas limitados no campo social, principalmente na vida afetiva.

Os Sonhadores

Essa categoria é composta pela fusão dos tipos Imaginação e Emocionalidade.

Eles também querem mudar as coisas, mas, ao contrário dos racionais, os sonhadores, como o próprio nome indica, querem fazer mudanças no campo dos ideais. Como, ao contrário dos pensadores, eles se preocupam com os sentimentos dos outros, já que possuem forte empatia, essa mudança é feita por meio da diplomacia e da inspiração.

São excelentes na área de aconselhamento, na diplomacia. São acolhedores, empáticos e sociáveis, e isso costuma torná-los influentes e os ajuda a implantarem novos ideais na sociedade.

Os Protetores

Essa categoria é composta da junção da Observação com a função Ativa.

Os protetores são colaborativos e muito práticos. Buscam ordem e segurança. São trabalhadores, meticulosos e tendem mais a ser pessoas conservadoras (todos são do tipo Conservador), já que não são muito chegados em mudanças. Tendem a ser lógicos e com boa capacidade de administração, principalmente os que possuem a função Racionalidade predominante. Gostam de hierarquia e regras claras, seguem com facilidade um plano preestabelecido e não tem medo de trabalho, por mais difícil que seja. Eles tem o típico pensamento de classe média e não é à toa que formam 50% da população aproximadamente. São eles que dão a base e a cola para nossa sociedade.

Os Artistas

Essa categoria é formada pela junção da função Observação com a Passiva.

Esses são os mais espontâneos de todos e conseguem se conectar com o ambiente que os cerca do jeito que nenhum outro tipo consegue. A fusão do temperamento prático e utilitarista da Observação com a rapidez de adaptação, grande capacidade de improviso e versatilidade conferida pela função Passiva (P) os torna ótimos para se ter ao lado em uma situação de crise. O lado negativo pode ser o de se arriscar demais e desnecessariamente, serem muitos dominados por prazeres sensuais e terem dificuldade de seguir um planejamento.

Construtor Profeta
(Colérico/Melancólico)

O Construtor Profeta Explorador Idealista é um tipo inteligente, com um grande potencial, e faz parte dos pensadores. Ele é confiante, forte e carismático e é uma autoridade nata, geralmente é um tipo que vai longe a não ser que tenha algum distúrbio que o faça se autossabotar, porque como Construtor ele quer construir ou criar, e sua função Imaginação não o deixa na mão quando se trata de ter ideias para novos projetos. Ele adora um desafio; quando põe na cabeça que vai fazer uma coisa normalmente faz. É um estrategista, ambicioso e tem foco. O problema começa pelo fato de que, como ele é Extrovertido, precisa de um grupo, já que não é um lobo solitário como o Profeta Construtor muitas vezes é. Ele quer uma equipe, precisa dela, seu lado Profeta o ajuda a enxergar o potencial das pessoas e saber quem tem valor, quem não tem e quem deve fazer o quê, por isso é muito bom para montar uma equipe. Mas não é bom em tratá-la com respeito. Todo tipo Racionalidade tem dificuldade de se relacionar com as pessoas, principalmente com as do tipo Emocionalidade, que querem que seus valores e sentimentos sejam respeitados, o que para ele não tem a menor importância. Também não se importa que o achem um bastardo cruel, desde que ele consiga o que quer. Mas aí é que está o problema: fica difícil conseguir o que se quer mesmo sendo uma pessoa muito forte, inteligente e com uma criatividade fantástica, sem o apoio de uma equipe. Sem isso, ele não vai conseguir o que deseja. É bem capaz que ele use a intimidação para conseguir, e provavelmente isso deve funcionar, mas corre o risco de alguém lhe puxar o tapete, como aconteceu com Margaret Thatcher (que provavelmente era desse tipo), porque ninguém quer ser esmagado por um cretino. Também pode acontecer uma rebelião entre os subordinados e, se ele não for o dono da empresa (provavelmente ele será), pode ser demitido; e, se for o dono, nos dias de hoje, pode acabar sendo processado por assédio moral. Se isso acontecer, é melhor o juiz não pôr os olhos nele, porque só de vê-lo já saberá que é culpado (alguém olhando Thatcher ia achar que ela era inocente nesse tipo de ação?). Na verdade, sua presença pode fazer o juiz aumentar o valor da indenização do empregado. Mas mesmo que tudo ocorra bem, que as pessoas aceitem serem subjugadas e não causem problemas de tanto medo, há algo sobre o que nem a forte vontade desse tipo pode ter algum poder: as pessoas nunca dão o melhor de si se estão cooperando com você porque tem medo, pois na verdade não estão colaborando, estão apenas fingindo para salvar as próprias peles. Uma pessoa só aceita cooperar se você conseguir trazê-la para seu lado e quem você intimida é seu inimigo, e inimigos querem acabar conosco (e se você for desse tipo, sabe disso mais do que ninguém, porque não perdoa um inimigo se tiver chance). Sua equipe só será grande se você for um grande líder. Para ser um grande líder, você precisa desenvolver sua função Emocionalidade e começar a se preocupar com seus subordinados e não só com o que você quer construir. Sei que você só está tentando seguir seu planejamento milimetricamente, mas precisa fazer isso procurando entender quais são as necessidades de sua equipe e atendê-las dentro do possível; às vezes talvez você tenha de alterar um pouco seu planejamento, e, por mais que isso doa, dói muito mais ser oprimido por você. Mas você só costuma respeitar quem é tão forte, inteligente, criativo e talentoso como você e quem não for visto dessa forma realmente pena em sua mão, não há nada que você respeite mais que um bom argumento muito bem construído. Gosta de intimidar até em coisas pequenas e, para piorar, como o Idealista (Emocionalidade interna) é sua função Inconsciente, você não sabe expressar bem seus sentimentos, na verdade procura ignorá-los (porque não considera lógico expressá-los) e eles terminam sendo expressos de um modo meio psicopata, o que faz com que os que estão à sua volta não saibam se é melhor lidar com você frio e cruel ou se expressando emocionalmente. Por isso, realmente é necessário resgatar sua função inconsciente, esse lado belo e nobre que você simplesmente por algum motivo lá trás passou a ter medo e começou a sufocar.

Você é capaz de ter sentimentos profundos e nobres e se preocupa com os outros mais do que quer acreditar, e isso não é uma fraqueza como você pensa, na verdade é a parte que falta integralizar de sua personalidade para ser bem-sucedido de fato.

Oportunista Niilista
(Melancólico/Colérico)

O Oportunista Niilista Agregador Conservador faz parte dos pensadores e, como todos os pensadores, tem inteligência bem acima da média. É passivo, por isso não gosta de estrutura e não está muito interessado em construir algo. Na verdade, como é um Niilista, parece gostar de destruir e o que quer destruir são as ideias dos outros, abalar suas crenças. Adora um bom debate e, como bom oportunista que é, se sai muito bem atuando de improviso porque é capaz de conectar várias ideias e ver inúmeras possibilidades em uma situação, e ainda por cima ter uma mente muito rápida. A Racionalidade lhe confere lógica. Porém, não debate apenas por causa do prazer de destruir as crenças alheias, mas também porque quer testar suas teorias e nos usa como cobaias. Pode também discutir fingindo ter uma perspectiva que não tem apenas para tentar compreender como a pessoa que tem um determinado ponto de vista enxerga as coisas, ou o que a faz pensar dessa forma. Ou seja, o cara o massacra em um debate e ele pode nem acreditar naquilo que está dizendo, ou só quer saber se sua nova ideia pode ser verdadeira. Também pode apenas estar querendo saber o que você pensa, ou querendo entendê-lo melhor. Se você gostar de debate, tudo bem; na verdade, se você for do tipo que, como ele, quer saber se suas ideias são verdadeiras e não tem problemas em testá-las, não há ninguém melhor do que esse tipo para conversar. Se elas saírem intactas ao final é porque há enormes chances de que sejam sim (como um bom exemplar do tipo Racionalidade, ele se rende a um bom argumento). Mas nem todo mundo ama debater e está disposto a pôr suas crenças na roda para serem massacradas por ele, e como esse tipo não pergunta aos outros se querem passar por essa experiência, pode ser visto como um espírito de porco e muito difícil de conviver. Ou seja, alguém que pode ser amado ou odiado, mas não tem como ficar indiferente a um cara desses. Sócrates, que provavelmente era desse tipo, foi obrigado a se envenenar com cicuta porque fora acusado de perverter os jovens. Ele foi considerado um perigo exatamente porque queria destruir as crenças de sua sociedade e era amado pelos jovens, mas odiado pelos pais destes. Esse tipo pode incomodar muita gente com seu jeito, mas não há como discordar que ele ajuda nossa sociedade, não só gerando ideias brilhantes, mas também nos confrontando a respeito de nossas crenças para vermos se há alguma verdade nelas. Isso não é confortável, mas é indispensável para o desenvolvimento de nossa sociedade. Ele adora ter ideias, testar teorias, confrontar nossas convicções, mas não é do tipo que gosta de pôr a mão na massa, ele precisa ter em volta amigos construtores ao seu lado para que estes transformem suas ideias em realidade. Colocá-lo para fazer um serviço burocrático: atire em sua cabeça que é menos cruel. Ele é um tipo Racionalidade, por isso aprender sobre o sentimento dos outros e respeitá-los é essencial para que não magoe excessivamente o sentimento das pessoas mais sensíveis. Está certo que você não gosta quando as pessoas ficam dando voltas e acham que assim não vão magoá-lo, quando só o irritam ao não serem diretas, mas nem todo mundo é assim. Deve se lembrar de que, como extrovertido, ele precisa dos outros e ficar sendo escorraçado o tempo todo não é algo que o faça feliz, já que não suporta a solidão; como gosta de entender por que as pessoas são como são, o caminho pode ser procurar compreender a perspectiva dos indivíduos tipo Emocionalidade para poder se relacionar melhor com eles. Sua função inconsciente é a do Conservador, por isso deve se lembrar o que no fundo procura nessa sua sede por debates: está em busca de algo sagrado, que considere imutável; está em busca da verdade, mas pode ter medo disso, o que explica em parte seu comportamento afrontoso e até desdenhoso ao que as pessoas consideram ser sagrado. Se você não procurar perceber como tudo o que experimenta e testa afeta seu interior, quais sensações criam e quais são importantes para você e quais não são, seu cérebro pode querer forçá-lo nessa direção por meio de sintomas dolorosos em seu corpo ou de sensações incômodas. Seu lado oportunista está em busca da verdade, mas é seu lado Conservador que tem a capacidade de reconhecê-la.

Agregador Profeta (Sanguíneo/Melancólico)

O Agregador Profeta Explorador Niilista faz parte do grupo dos sonhadores, por isso tem como desejo mudar o mundo. É um líder natural, carismático e cheio de paixão. Como todo agregador, gosta de pessoas e quer pertencer a um grupo; na verdade, quer formar um, já que, mesmo não sendo comum nos agregadores, ele tem um forte espírito de liderança. Isso vem de seu lado Profeta que tem visões a respeito do que é bom para as pessoas e para o ambiente, por isso se sente confiante em guiar os que estão à sua volta. Como suas visões geralmente visam ao bem comum, já que é agregador, geralmente é fácil para esse tipo ganhar o coração dos outros que, com isso, cooperam com ele. Muitos políticos (bons políticos), palestrantes motivacionais são desse tipo, e qualquer profissão em que é necessário se vender uma visão para público é ideal para ele. Seu lado Profeta também o torna mais autêntico do que os agregadores normalmente são, por isso a personalidade costuma ser mais forte e essa personalidade forte costuma chamar a atenção. Tem também um interesse maior pelas pessoas do que os agregadores, que normalmente se preocupam mais com os outros para não criar conflitos. O Agregador Profeta tem uma forte empatia com os demais. Essa empatia é tão intensa que pode acabar confundindo os problemas dos outros como se fossem os seus, podendo inclusive achar realmente que tem o problema e precisa se proteger disso. No entanto, essa empatia faz com que queira mesmo resolver os problemas dos que estão próximos. Ele é otimista e acredita que todos podem melhorar, mas se esquece de que você pode levar um burro até a fonte, mas não pode forçá-lo a beber a água. Com sua paixão de querer salvar todo mundo, pode forçar sem querer pessoas que não querem ser salvas, até mesmo as que querem sua ajuda podem sentir que estão sendo forçadas demais, por isso é importante que aprenda a respeitar a vontade e os limites dos outros e entender que há outros profetas por aí e talvez eles queiram seguir outro, ou não queiram seguir ninguém. Ajuda não se impõe, oferece-se; se for recusada, siga em frente. Ele adora conversar e isso lhe faz muito bem, porque muitas de suas melhores ideias nascem dessas trocas de informações. Ele é um tipo Emocionalidade e Imaginação, ambas são subjetivas, uma porque não se importa com fatos e a outra manipula as informações oriundas de nossos sentidos. Por isso, um dos problemas desse tipo pode ser uma total falta de objetividade, ele inspira, mas está guiando para onde? Para alguma fantasia? Será o que ele prega possível? Essa falta de objetividade também o leva a confiar demais nos outros, e com esse complexo de salvador pode ser presa fácil para pessoas sem caráter que só querem se aproveitar. Se bem que sua fé no potencial destas é tão forte que pode acabar as convencendo de que sua visão é verdadeira e começarem a mudar, mas há psicopatas andando por aí e eles não são tão fáceis de serem influenciados. É importante que desenvolva um pouco sua Racionalidade, trabalhe melhor com os fatos e desenvolva também a Observação para que possa ver o que realmente está ocorrendo no presente, em vez de enxergar apenas expectativas e visões. Sua função inferior é o Niilista, por isso é preciso que ele se dissocie um pouco dos demais para saber quem realmente é, o que realmente pensa e lembrar-se de que toda essa necessidade de inspirar e salvar a sociedade tem como desejo oculto transformá-la para melhor. Se não fizer isso, pode acabar desenvolvendo pensamentos excêntricos e obsessivos e sendo destrutivo, principalmente quando estiver estressado. Há algo que você quer reformar quando descobrir o que é, isso se tornará seu ponto forte.

Oportunista Idealista
(Melancólico/Sanguíneo)

Oportunista Idealista Construtor Conservador faz parte do grupo dos Sonhadores, mas não tem tanta vontade de mudar o mundo como os outros desse grupo. O que ele mais quer é ser livre, porque não há nada que preze mais do que sua liberdade. O escritor Mark Twain é provavelmente desse tipo e retrata bem seu espírito livre. Como é Oportunista, está atrás de oportunidades, e essa junção com o Idealista faz com que os ternos sentimentos que os Idealistas costumam guardar em seu interior (já que esse tipo representa a Emocionalidade interna) sejam expressos, porque é exatamente se conectando com as pessoas que sua fome de oportunidades vai ser alimentada. Por isso relacionamentos são essenciais e sua inteligência, charme, independência e seu jeito carinhoso fazem com que muitas vezes seja o centro das atenções; podem até querer que ele se torne um líder, o que não é uma boa ideia, porque, como dissemos, nada é mais importante para esse tipo que sua liberdade e um papel de liderança o prenderia, o que sem dúvida iria fazê-lo muito infeliz. Ele não quer poder, quer experiências, como é comum em todos os passivos. Além disso, precisa de sua liberdade para criar e inovar. Adora pessoas, mas quer ser ao mesmo tempo extremamente independente. Isso pode ser um problema, porque nem todas as pessoas conseguem associar relacionamentos íntimos com independência quase ilimitada; aliás, a maioria associa exatamente ao contrário, achamos que se alguém gosta de nós é porque necessita de nós. Não é que ele não necessite, mas ele precisa sair por aí em busca de novas oportunidades e, por isso, não pode ser dependente de ninguém. Para ele tudo está conectado, como é comum com todos os tipos de Imaginação, mas somado à sua Emocionalidade isso dá um tom de busca mística em sua jornada, e como é um Idealista, sua procura por significados profundos se dá ao fazer essas conexões. Não é do tipo que gosta de atividades rotineiras, para ele isso é uma prisão, pode ficar mal-humorado quando preso a esse papel. Essa necessidade de pouca estrutura e muita liberdade pode ser um pouco complicada no ambiente de trabalho, já que esse tipo de ambiente, por mais flexível que seja, precisa de uma certa estrutura e limitar a ação de quem trabalha no local, por isso é quase impossível não ter alguma frustração. Se for o dono do negócio, haverá chateações de ter de gerenciá-lo, por isso não melhora a situação. É necessário que encontre uma válvula de escape; felizmente, como Oportunista, não deve ter muita dificuldade para encontrar e, desde que lhe seja dada a liberdade para isso, provavelmente não terá muitos problemas, já que adora sair, divertir-se e fazer coisas novas. Ele não tem medo mesmo de aproveitar a vida. Como é comum nos tipos Imaginação, costuma confiar muito em sua intuição, porém, se falhar na avaliação e pisar na bola com alguém, pode se sentir muito mal, já que é do tipo Emocionalidade (todos os sonhadores podem ter esse tipo de problema); para evitar essa situação é preciso desenvolver mais a função Observação e focar no que está realmente acontecendo, até mesmo, por mais alegre que seja seu temperamento natural, a Imaginação fora de controle pode levá-lo a ter muitos sofrimentos imaginários (lembre-se: a imaginação está ligada ao temperamento melancólico). Como é do tipo Emocionalidade, pode não ter muita conexão com os fatos que lhe sucedem; sua terceira função, o Construtor, pode ajudar a buscar mais informações, ser mais racional e querer usar seus talentos de forma mais objetiva. Sua função inconsciente é o Conservador, o que mostra que esse seu enorme desejo de independência no fundo é o medo de encontrar algo que considere sagrado e que queira manter, mas essa é na verdade sua busca, porque só quando incorporar e aceitar seu lado "careta" é que vai poder realmente doar ao mundo seus talentos e, principalmente, ser realmente feliz.

Construtor Conservador
(Colérico/Fleumático)

    O Construtor Conservador Oportunista Idealista faz parte do grupo dos protetores. O Construtor, ao se fundir com o Conservador, torna-se menos ambicioso, mas não menos determinado. Seu temperamento forte que quer fazer as coisas acontecerem estará voltado para preservar e defender aquilo que é considerado importante para a pessoa, por isso é muito comum esse tipo se envolver em trabalhos comunitários, nos quais, já que é um Construtor, provavelmente estará em um cargo de chefia. Gosta de mandar, mas nem sempre é um chefe tão bom quanto pensa. O problema é que geralmente ele está mais focado nas tarefas que precisa desempenhar, ou que espera que seus subordinados desempenhem, mas não dá a mínima para os sentimentos envolvidos e para os valores das outras pessoas. Na linha Construtor, ele passa por cima dos outros e não percebe que por causa disso possa existir muita resistência ao seu comando. Como é um tipo extrovertido, ele precisa de pessoas e de trabalhar em grupo; mesmo tendo uma personalidade muito forte, necessita do mundo externo para se energizar, por causa disso tem de aprender a desenvolver sua função Emocionalidade para que não se torne uma pessoa que os outros procuram evitar e que, no máximo, suportam porque precisam. Apesar de seu temperamento forte, ele é muito honesto e trabalha duro, e não há nada que cobre dos outros que não cobre de si mesmo, talvez até mais. Acredita realmente que trabalho duro engrandece o homem e que o respeito deve ser conquistado com ações. Como ele espera respeito e quer conquistar autoridade, trabalhará mais do que ninguém. Como todo Conservador, ele é moralista e por seu temperamento Construtor vai querer impor esses seus valores para todos; o que é sagrado para ele tem de ser sagrado para todos, e essa é outra fonte de problema que pode ter com os que estão à sua volta. Como um tipo Observação, ele gosta de normas claras, de fatos concretos, e está focado naquilo que percebe com os cinco sentidos e não tem muita paciência com abstrações. Por causa da sua personalidade forte, pode não ter muita paciência com as pessoas do tipo Imaginação, achando que só atrapalham, mas essa é uma falha que precisa aprender a vencer, se quiser realmente realizar seu desejo de fazer as coisas bem-feitas, porque as ideias do tipo imaginação são, sim, importantes. Se todos fossem do tipo Observação, não teríamos progredido muito desde a Idade da Pedra, pois foi na mente de um tipo Imaginação que se criou quase tudo que vemos. Você que tem esse tipo precisa entender que, apesar de muitas de suas excelentes características e de ser muito forte, você não é absoluto, não é Deus, não possui todas as características para termos uma grande sociedade. Existem 16 tipos de heróis e você é apenas um deles (ou seja, há outras formas de pensar, de ver a vida e de prioridades e de valores diferentes dos seus). Essa humildade pode realmente ajudá-lo a diminuir muitos problemas em sua vida, e entre você e os demais, e só contribuir para ajudá-los a fazer a coisa que você mais deseja: cumprir suas tarefas. Deixe seu lado oportunista auxiliá-lo a ter essa flexibilidade de que tanto necessita. Precisa parar de ter medo de seu lado terno, bondoso, que é conferido por sua função inconsciente Idealista; esse lado que é capaz de grandes sentimentos, mesmo que não os demonstre, porque isso é o que pode corrigir esse temperamento muito duro de seu lado Construtor. Até mesmo porque, se você ficar negando sua natureza emocional, ela vai ser expressa de uma forma pouco construtiva, com reações que provavelmente vão fazê-lo se sentir muito mal. É maravilhoso que haja esse idealista dentro de você, inclusive para dar mais sentido e cor a tudo o que faz.

Agregador Conservador (Sanguíneo/Fleumático)

Agregador Conservador Oportunista Niilista faz parte dos protetores. Esse talvez seja o tipo em que o temperamento Agregador seja mais atuante, ou seja, o que mais tem vontade de harmonizar o ambiente e estar em paz com as pessoas e, por consequência, o que talvez mais tente se anular para fazer isso. Talvez por causa do lado Conservador, que faz com que ele não consiga ver com clareza seu potencial. Esse tipo costuma ter muito boa aparência; mesmo que não seja naturalmente bonito, costuma cuidar muito da aparência e geralmente sabe se vestir, tem bons modos, tudo o que faz com que seja agradável de se ver. Gosta muito de conversar e normalmente parece que tem mais ideias ou aprende mais quando conversa com alguém. É geralmente uma pessoa simpática e agradável; pode parecer não ter muita personalidade, mas normalmente é popular. No entanto, pode se tornar um bajulador e conseguir as coisas dessa forma, porque, apesar de não ter uma personalidade forte, costuma, quando faz parte de uma organização, querer ascender. Dificilmente vai ser o maior peixe do aquário, mas vai fazer de tudo para que este seja seu amigo e o ajude a se tornar um peixão. Isso porque ele respeita muito autoridades e hierarquia e crê que todos são assim também; como consequência, acredita que vai ser admirado pelos outros ao ter uma posição de destaque, como ele admira quem está nesse tipo de posição. O que nem sempre acontece, principalmente se ele não tiver competência para a função, pois muitas vezes consegue as coisas porque é um cara legal, mas ser um cara legal não é sinônimo de ser um cara competente. Não estou dizendo que ele é incompetente, mas apenas que essa não é a característica que costuma levá-lo a esses cargos. A competência, quando há, vem como um bônus. Ele respeita mesmo a hierarquia. Uma vez, tive um chefe que acredito que era desse tipo, pois ficou chocado por eu ter falado com ele pessoalmente; disse-me que eu deveria ter falado com minha chefe imediata e ela é que tinha de reportar a ele minhas considerações. O Agregador é extrovertido, por isso já dá para perceber que gosta de pessoas e é do tipo arroz de festa, ele mesmo costuma dar ou organizar esses eventos. Realmente se sente feliz em reuniões sociais e, se houver pessoas que considera importantes, melhor ainda. Porém, gosta de eventos organizados, e atividades espontâneas não são sua praia. É uma pessoa que dá apoio e suporte àqueles que ama e que quer que todos à sua volta estejam felizes, até mesmo porque não gosta de conflitos, odeia tanto que os ignoram, sempre que possível. Você tem de esfregar os conflitos na sua cara para que veja, e pode ser que mesmo assim não o enxergue. Já que é do tipo Emocionalidade, precisa aprender a encarar os fatos de forma fria e racional, em vez de reagir apenas às impressões, como o tipo Racionalidade faz, para assim não ficar sofrendo porque alguém não gostou da festinha que organizou ou do agrado que fez. Às vezes a pessoa até gostou, mas só não se comporta como ele quando gosta, e se ela não gostou, problema dela. A Racionalidade também pode ajudá-lo a aceitar críticas quando forem pertinentes. Ainda sobre conflitos, estes o desestabilizam tanto que, quando percebe algum conflito entre pessoas, vai logo colocando panos quentes. Como é do tipo Observação, gosta de regras bem claras, ideias práticas e confia em seus cinco sentidos. Como Conservador, acha que seu jeito é o certo, e isso ajuda a se melindrar, ainda mais quando as pessoas não demonstram também essa excessiva necessidade de agradar e manter a harmonia como contrapartida ao lidar com ele. Precisa trazer à tona sua função inconsciente que é o Niilista. Aliás, essa necessidade compulsiva de agradar e harmonizar vem do medo desse seu lado, que por algum motivo começou a achar que era errado ou feio e tentou sufocá-lo; precisa de verdade aprender a defender seu ponto de vista e mostrar que é mais que uma figura agradável de se ver, que tem uma personalidade e ideias próprias, que sabe contestar e que de vez enquanto quer, sim, derrubar aquilo que não serve mais, ou que considera injusto. As pessoas não vão deixar de gostar de você se não agradá-las o tempo inteiro; quando voltar a ser inteiro na verdade vai se tornar muito mais interessante.

Explorador Niilista (Fleumático/Colérico)

O Explorador Niilista Agregador Profeta faz parte do grupo dos artistas. Ao contrário do que é comum dos outros exploradores, que só querem experimentar e conhecer os objetos e se fundir com eles, ou se fundir com as experiências, este, mesmo sendo um Niilista (que, por ser Passivo, mais pensa que executa), muitas vezes age como um Construtor porque adora empreender. Por isso, apesar de ser do tipo Passivo, age bastante e quer conquistar coisas. Donald Trump provavelmente é um, para ver como esse tipo é forte, determinado e, quando diz que faz, ele faz. Mas o lado Niilista de Trump está no jeito que ele faz as coisas, parecendo que quer explodir com tudo. Independentemente do que você pensa dele, não há como duvidar que Trump combateu os democratas, a mídia americana e até seu partido, o que deixou todos assustados; e não adiantava brigar com ele, porque, como colérico, se sentia bem com toda essa confusão. Apesar de toda essa força incomum em um Passivo, esse tipo tem algumas características da passividade. Como não gosta muito de regras e tem dificuldades de seguir um planejamento, costuma usar mais a astúcia do que a disciplina. Ele é um ótimo solucionador de problemas, por estar focado no presente, e não está preso a padrões preestabelecidos. É alegre e divertido, embora muitos possam achar seu humor rústico e insensível, mas ele não se importa, porque gosta de ser o centro das atenções. Adora correr riscos (inclusive colocando a própria vida em risco) e tudo que gere fortes sensações, porque isso auxilia sua mente lógica. Essa mente que é estimulada por sensações físicas faz com que a escola seja vista como um desafio, porque é difícil para ele se sentir estimulado com o método de ensino que é utilizado. É muito observador e consegue perceber pequenas mudanças nas pessoas, por isso pode detectar mentiras mesmo que o assunto seja delicado. Como faz parte do tipo Observação, ele detesta ideias abstratas e coisas que não tenham sua funcionalidade comprovada. Como tipo Racionalidade, ele precisa aprender a valorizar os sentimentos e os valores; não é que precise ser politicamente correto, mas entender, por exemplo, que nem todo mundo é como ele, que se sente estimulado, inclusive intelectualmente, com uma confusão. Isso já é o começo para não ficar parecendo um babacão e procurar usar seu senso de humor peculiar com quem o aprecia. Lembre-se: você é um extrovertido, logo, precisa de pessoas, por isso seja bom com elas e para que não fujam de você. Desse modo, procure desenvolver sua terceira função que é o Agregador. Às vezes ficar calado é muito bom, porque muitas pessoas não esquecem tão fácil como você, que consegue esquecer ainda mais fácil quando é você que deu a mancada. Sua função inconsciente é o Profeta, o que indica que, como todo Explorador, muitas vezes você não sabe o que está fazendo, age sem nenhuma perspectiva, está mais reagindo ao ambiente e às pessoas que controlando o seu navio; isso se deve ao fato de que você perdeu a capacidade de relacionar causa e efeito e saber qual é seu destino, o que é muito natural no Profeta. Você por algum motivo decidiu não fazer mais isso e passou apenas a ficar presente, confundindo-se com o que está observando. Você conquista muitas coisas, mas só é um cara que vê algo, encanta-se e é seduzido por ele, briga e cria confusão até conseguir o que o seduziu. Mas qual é seu caminho, você sabe? O pior, o Profeta, quando fica aprisionado no inconsciente, costuma se manifestar como um espectro de maus preságios, atormentando-o com medos bizarros relacionados a alguma pessoa ou experiência. Tudo isso é na verdade uma tentativa de fazer você se voltar para seu interior e começar a explorá-lo, da mesma forma como gosta tanto de explorar o exterior. Fazendo isso, você vai saber quem é, o que quer e qual é o caminho que tem de seguir.

Explorador Idealista
(Fleumático/Sanguíneo)

O Explorador Idealista Construtor Profeta faz parte do grupo dos artistas. Ele adora pessoas e gosta de se divertir. Explora o mundo principalmente por meio dos relacionamentos, realmente ele precisa de pessoas por perto, fica triste quando solitário. Adora conversar, e pode falar por horas sem se cansar; é óbvio que também adora uma festa, de fato para ele a vida é uma festa. Pode aparentar ser egocêntrico, mas na verdade, por ser do tipo Observador, está muito presente e consciente e repara nas pessoas, inclusive quando não está bem, e é sempre um ombro amigo, já que tem um lado Idealista. Ele sem dúvida tem sentimentos mais profundos do que demonstra e possui um interior lindo, mas talvez não perceba isso. Tem muito bom gosto e isso pode ser um problema, porque como é um tipo Explorador tende a se fundir àquilo que vê e a partir daí querer para si. Como Explorador, não costuma ter perspectiva de futuro e tem dificuldade de aprender com as experiências, esse tipo pode viver gastando mais do que tem, contando que a sorte ou então algum amigo vai ajudá-lo a consertar as coisas, ou seja, pode andar muito bem-vestido, ter uma casa luxuosa, comendo do bom e do melhor à custa dos amigos que explora, ou então dando calote em todo mundo, um comportamento que, por mais fofo que ele seja, é uma verdadeira cretinice. Ele precisa aprender a elaborar um orçamento, a ponderar os gastos que faz e a entender que a vida não é só festas, coisas caras e diversões. Já deu para perceber que, apesar de adorável, esse tipo precisa crescer, mas não se pode lhe dizer isso, porque, apesar de ser um Idealista, ele parece com um Agregador quando se trata de conflitos;

quer fingir que não existem e, se recebe alguma crítica, fica ressentido. Mas provavelmente um amigo que caia na lábia dele e lhe empreste dinheiro e depois não consiga recebê-lo de volta vai ficar com muita raiva e vai lhe dizer umas verdades, o que não quer ouvir. Por isso, se não quer passar por essa situação, é melhor que ele aprenda a organizar a própria vida. Apesar de a vida dele poder ser uma bagunça, é bom para ajudar os outros a resolverem seus problemas, por ser muito observador. É bem carismático e muitos deles se tornam celebridades. Mas mesmo que não se torne, como nasceu para entreter vai fazer de seus muitos amigos sua plateia, e sem dúvida pelo menos em seu meio ele vai se destacar. Tem de desenvolver sua terceira função que é o Construtor, que, além de lidar bem com a realidade, trabalha duro para concretizar seus objetivos (como ter um orçamento, cortar despesas, aumentar a renda, etc.), a não ser que queira passar pela vida como um irresponsável muito simpático e divertido. O Construtor não espera que os outros façam as coisas para ele, ou que a sorte vá melhorar sua vida do nada, ele toma as rédeas de sua vida e faz as coisas acontecerem. Sua função inconsciente é o Profeta, o que indica que, como todo Explorador, muitas vezes você não sabe o que está fazendo, age sem nenhuma perspectiva, está mais reagindo ao ambiente e às pessoas que controlam seu navio. Isso se deve ao fato de que você perdeu a capacidade de relacionar causa e efeito e saber qual é seu destino, o que é muito natural no Profeta, por algum motivo decidiu não fazer mais isso e passou apenas a ficar presente, confundindo-se com o que está observando. Você tem muitos amigos, possui muitas coisas (que provavelmente obteve sem ter como pagar), mas só é um cara que quando vê algo se encanta e é seduzido por ele, e aí gasta o que não tem ou usa seu charme para conseguir o que o seduziu, mas qual é seu caminho, você sabe? O pior é que o Profeta, quando fica aprisionado no inconsciente, costuma se manifestar como um espectro de maus presságios, atormentando-o com medos bizarros relacionados a alguma pessoa ou experiência. Tudo isso é na verdade uma tentativa de fazê-lo se voltar para seu interior e começar a explorá-lo, como você gosta tanto de explorar seu exterior. Fazendo isso, você vai saber quem é, o que quer e qual é o caminho que tem de seguir.

Profeta Construtor (Melancólico/Colérico)

O Profeta Construtor Idealista Explorador é parte do grupo dos pensadores. Sua função Dominante é o Profeta, por isso tem visões às quais, com a ajuda de sua função coadjuvante, quer dar forma. O Profeta acredita em suas visões e o Construtor em suas ações, por isso este tipo costuma ter uma tremenda fé em si mesmo e, por causa disso, é bastante teimoso e determinado; não é do tipo que desanima fácil e, como é introvertido, mesmo que os outros não acreditem a princípio em suas visões e até zombem delas, ele segue em frente mesmo assim, porque talvez seja de todos os 16 heróis o mais independente. Tem muita consciência de seu valor, mas não é arrogante. Como Construtor, gosta de buscar informações, tem tendência a ser autodidata porque não se importa muito com credenciais ou com fontes oficiais, por isso ele só acredita na veracidade de suas visões. Vai acumulando conhecimento, fazendo conexões nas informações que está adquirindo, e daí vão nascendo suas visões que é no que ele realmente acredita e quer a todo custo realizar, mas, por mais teimoso que seja, se ele percebe ao adquirir mais conhecimento que suas ideias estavam erradas, muda imediatamente, porque não se acha o dono da verdade. A Imaginação se une à Racionalidade e gera uma pessoa de mente estrategista. Ele parece ser frio, mas por trás dessa máscara há uma pessoa com sentimentos intensos e nobres típico do Idealista, mas a Introversão e a Racionalidade o fazem parecer mais frio ainda. Além de parecer frio, ele tem dificuldade de se relacionar, primeiro porque acha todas as amenidades sociais uma bobagem e não gosta de conversas triviais que considera idiotas e, para piorar, se uma pessoa não consegue acompanhar o raciocínio dele, ele perde o interesse na pessoa. Costuma realmente ser muito desajeitado socialmente. Isaac Newton, provavelmente desse tipo, dizem que tinha tanto problema de ser relacionar que parece só ter tido um relacionamento próximo com alguém (e não estou falando apenas de relacionamentos amorosos, aqui estou incluindo família e amigos), e mesmo assim este terminou mal. Por causa dessa dificuldade, é melhor que fique onde ele brilha, que é na área do conhecimento, ciência e afins, porque ele se sente confiante e, somado à sua aura de mistério, acaba atraindo as pessoas, porque se costuma ir na direção delas não costuma funcionar, pois ele fica parecendo um idiota. Não é do tipo que vive atrás de um cargo de chefia ou posição de liderança, mas é um líder natural e capaz de conduzir o navio se for necessário, mas vai sempre preferir que outro o faça. Ele é um idealista que acredita que todos podem melhorar, mas ao mesmo tempo é muito crítico, pois percebe que a maioria não está pensando muito nisso. Deve aprender a desenvolver sua função Observação, porque, como suas visões são geradas pela Imaginação, é preciso que ele entenda que é necessário saber quais são os possíveis obstáculos para sua concretização, porque ele pode ficar tão enfeitiçado com o que está vendo na mente que esquece que no mundo físico é preciso se preocupar e observar todas as fases de execução que vão levar à concretização desta visão. Parece que acredita que suas visões têm o poder de se materializarem sozinhas. Isso, somado à vontade forte do Construtor, pode levá-lo a sair feito um doido ao tentar dar formas às suas visões. Ele é excelente para criar estratégias, mas precisa do Observação para aprender a executá-las. Precisa também desenvolver sua Emocionalidade porque ao não respeitar os sentimentos e os valores dos outros, pode acabar tendo muita resistência às suas ideias. Do que adianta se esforçar tanto e depois perceber que as pessoas rejeitam suas visões? Um pouco de sensibilidade pode evitar esse tipo de problema. O Explorador é a função inconsciente deste tipo, o que indica que você, que é deste tipo, passou a ter medo da sua necessidade de explorar o mundo exterior. Resolveu ficar no que considera ser o mais seguro, que é explorar seu mundo interior, mas precisa voltar a fazê-lo; primeiro, para fornecer matéria-prima para suas visões; segundo, porque, como você pretende transformar suas visões em realidade se você ficar trancado dentro de você? E, por último, se assim não fizer, sua mente em uma tentativa de equilíbrio vai criar compulsões por comida, objetos, pessoas, pornografia e coisas como assistir mil vezes a reprises na TV, tudo isso para tirar você dessa prisão interior na qual vive. Não tenha medo dos tigres de papel que sua mente cria, é só passar por eles que eles se rasgam.

Niilista Oportunista
(Colérico/Melancólico)

O Niilista Oportunista Conservador Agregador faz parte do grupo dos pensadores. Este tipo gosta de ser original; seu lado Niilista quer transformar o *status quo* por meio do pensamento e seu lado Oportunista ajuda a enxergar inúmeras possibilidades de se fazer isso. Ele apreende todas as informações que sua Imaginação exterior lhe confere e tenta, com sua mente lógica e precisa, desenvolver novas teorias e ideias. Muitos cientistas são deste tipo, um provável é Albert Einstein, que uma vez falou que ninguém entendia sua Teoria da Relatividade, nem seus colegas, que apenas fingiam entender. Realmente, não é fácil entender os pensamentos complexos deste tipo, mas, longe de ser uma mente do tipo cientista maluco, é uma mente muito lógica e precisa. Ele gosta de ficar testando suas teorias e pode nos usar como suas cobaias em debates apenas para testar suas ideias, mesmo que a teoria não esteja totalmente completa. Se bem que vai debater de verdade e às vezes ferozmente, se alguma de suas teorias for criticada, porque vai ver isso como um desafio. Ele e tímido na presença de estranhos, mas no grupo de amigos é falante e adora trocar ideias. É muito criativo, mas não gosta de tarefas rotineiras nem dá muito certo com estruturas por causa de sua natureza passiva. Também odeia trabalho braçal, já que o que lhe dá prazer é pensar e desenvolver teorias, por esse mesmo motivo é que ele nunca vai se adaptar a um trabalho burocrático também. Ele é o cara que você deve chamar para resolver um problema difícil, porque ele vai pensar em todas as possibilidades e, se este problema tiver uma solução, irá encontrá-la; colocá-lo para carimbar papéis, além de ser um tremendo desperdício, vai acabar com ele. Se bem que, como todo passivo, tem de aprender a agir mais, a aceitar responsabilidades, a fazer as coisas acontecerem e tolerar, ao menos, o mínimo de estrutura para sua vida não desabar. E, como um Racional, precisa aprender a respeitar os sentimentos e os valores dos outros. Muitas vezes, se uma pessoa do tipo Emocionalidade vier com um problema em busca de consolo, além de não recebê-lo, ainda pode ouvir, por causa de sua mente extremamente lógica, o que foi que ela fez de errado para não ter conseguido o resultado esperado. Outro tipo Racional provavelmente agradeceria o conselho, mas um tipo Emocionalidade pode se ofender, porque pode interpretar esse comportamento como uma acusação; em sua cabeça, ele foi em busca de colo, não recebeu e ainda levou um pito, por isso pode sair mais arrasado do que chegou. Não precisa falar nada, basta ouvir, olhar como se compreendesse e dar um abraço caloroso no final. Você é o mestre das teorias, mas quando se trata da prática não é tão bom, por isso precisa desenvolver sua função Observação, porque não pode viver apenas em sua mente; por mais brilhante que ela seja, você precisa desenvolver sua terceira função que é a de Conservador, que, além de ajudá-lo a estar mais presente, vai lhe mostrar o que é sagrado para você, o que é necessário para aprumá-lo na vida. Sua função inferior é o Agregador, indicando que por algum motivo você deixou de acreditar que teria algum resultado procurando estar em harmonia com seu ambiente, ou procurando harmonizá-lo. Acho que era melhor chutar o pau da barraca, ligar o foda-se e ver o circo pegar fogo. No entanto, como esse lado só foi enterrado no inconsciente, você pode de alguma forma compulsiva tentar agradar a algumas pessoas, ou fazer tentativas neuróticas de harmonizar o ambiente. Aceite esse seu lado que quer se socializar, se divertir e estar em paz com o mundo. Provavelmente você acha isso fútil, mas é uma parte sua que você precisa trazer à tona novamente.

Profeta Agregador
(Melancólico/Sanguíneo)

Profeta Agregador Niilista Explorador é do grupo dos sonhadores. Um profeta pregando em uma colina para uma multidão: é essa a imagem que me vem à cabeça quando penso nesse tipo. Ao contrário do Profeta Construtor, que muitas vezes parece que quer impor suas crenças, ele quer conquistar seus fiéis. Não é à toa que Martin Luther King Jr., provavelmente, era desse tipo. Mas, ao contrário do outro Profeta, não costuma ser tão lógico nem passar suas crenças pelo filtro da racionalidade para ver se elas funcionam, porque seu foco está na Emocionalidade. Isso faz também que o apelo ao público seja mais emocional, enquanto o Construtor Profeta já apela para a razão. Apesar de ter a necessidade de agradar e se harmonizar típica dos agregadores, esse tipo costuma ser muito mais profundo por causa do seu lado Profeta, que o convence de que ele tem um dever a cumprir. Pode haver um conflito entre a vontade de agradar e o desejo de realizar sua missão. Tudo vai depender do que vai ser mais forte; no caso de Luther King, ele sem dúvida preferiu cumprir sua missão mesmo pondo sua vida em risco, porque acredito que ele pelo menos trabalhava com a ideia de que podia ser assassinado pelos ideais que defendia. Certamente sabia que desagradava a um número grande de pessoas, que era odiado por muitos e que criava muito conflitos com seus discursos, todas essas coisas costumam acabar com um típico Agregador, mas seu Profeta o impeliu a cumprir sua missão e a pregar suas visões. Esse tipo é um líder nato, mas não usa a força, e sim, a cooperação. Por isso, pode perder mais tempo tentando convencer que os líderes mais autoritários como o Construtor Profeta ou

Construtor Conservador, mas o tempo que perde é compensado por subordinados que de bom grado dão o melhor de si. Ele é introvertido, mas muitos, talvez até ele, acreditam que é extrovertido, e isso pode se tornar um problema, porque ele pode não se dar o espaço e o tempo necessários para ficar consigo mesmo, que é a forma como recupera suas energias. Isso porque acaba se voltando demais para os outros e para os problemas destes. Acredita que sabe o que está acontecendo com as pessoas melhor do que elas mesmas, graças à sua forte intuição. Apesar de poder estar certo, porque os Profetas geralmente conseguem enxergar o que se passa com os outros, às vezes ele também fantasia, já que quem confere essa habilidade é a Imaginação e, como ele é menos lógico e analítico que o outro Profeta, maiores são as chances de que esteja enganado. Mesmo que esteja certo, deve sempre ter em mente que as pessoas muitas vezes não têm consciência do que ele está percebendo, por isso, nessas situações, é bom abusar de seu lado Agregador e com muito tato sondar a pessoa em questão para saber até onde pode, ou até se pode, falar sobre o que está notando. Deve aprender a desenvolver sua função Racionalidade para que não saia por aí defendendo ideias lindas, mas que não têm nenhuma aplicabilidade prática. E deve desenvolver sua função Observação para que possa separar fantasias de visões genuínas. O Explorador é a função inconsciente desse tipo, o que indica que você passou a ter medo da sua necessidade de explorar o mundo exterior. Resolveu ficar no que considera ser o mais seguro, que é explorar o mundo interior, mas precisa voltar a fazê-lo; primeiro, para fornecer matérias-primas para suas visões; segundo, porque, como você pretende transformar suas visões em realidade, se ficar trancado dentro de si mesmo? E, por último, se assim não o fizer, sua mente, em uma tentativa de equilíbrio, vai criar compulsões por comida, objetos, pessoas, pornografia e coisas como assistir mil vezes a reprises na TV, tudo isso para tirá-lo dessa prisão interior na qual vive. Não tenha medo dos tigres de papel que sua mente cria, é só passar por eles que eles se rasgam.

Idealista Oportunista (Sanguíneo/Melancólico)

Idealista Oportunista Conservador Construtor faz parte do grupo dos sonhadores e talvez seja o mais sonhador deles. Por debaixo de uma aparência fria e reservada, esse tipo mantém um mundo rico em imaginação; é como se fosse seu mundo encantado particular, que pode se transformar em um problema quando resolve viver enclausurado nele por achá-lo muito mais interessante que a realidade. Ele realmente ama viver em um mundo de fantasia onde tudo parece ser possível e tudo é belo. Esse tipo costuma ter uma grande beleza interior, mas pode ser frágil, por ter dificuldade de lidar com um mundo que difere tanto de seus nobres ideais. O Idealista somado ao Oportunista gera uma pessoa muito criativa; muitos escritores, poetas, atores e artistas em geral pertencem a esse tipo: Shakespeare, por exemplo, era provavelmente um deles. Tem mesmo muita facilidade de inventar histórias e personagens. Mas deve ter cuidado com seu temperamento oportunista, porque ele não tem tanta energia para aproveitar várias oportunidades, por isso deve se concentrar em poucas coisas. Procura ver o lado bom em tudo e em todos e normalmente é uma pessoa agradável de se conviver. Não está em busca de fama, dinheiro, gratificações ou poder, está querendo fazer o que é certo e viver de acordo com seus valores e o que dita seu coração. Pode se preocupar tanto com isso que pode deixar de cuidar de si mesmo para cuidar dos outros e servir aos seus ideais. Tem o dom da comunicação, mas costuma manifestá-lo por meio de metáforas e parábolas, ou seja, a comunicação não é seca e direta como é comum nos tipos Racionalidade; há sempre uma historinha e um toque de fantasia.

Como é um tipo passivo, precisa aprender a ser mais ativo. Está certo que ele não quer ser o maior bilionário do mundo, pois provavelmente seria destruído por todas as exigências dessa posição; o que procura mesmo são novas experiências, mas uma pessoa tem de ser pelo menos ativa o suficiente para cuidar de si, ninguém pode viver só de fantasias e ideais. Por mais lindos que estes sejam, existe um mundo real com suas exigências, e você deveria se esforçar pelo menos o mínimo para conseguir viver com dignidade. Como um tipo Emocionalidade, você precisa ser mais lógico, racional e não se magoar tão facilmente. A Racionalidade o força a perceber que muito desse sofrimento é bobagem e o ajuda a entender que nem todo mundo é um tipo Emocionalidade como você, pois não é por maldade que os outros não agem como você, apenas o fazem porque têm outra perspectiva. Perceba que a Racionalidade pode ajudá-lo a amar as pessoas que não costumam ter uma sensibilidade como a sua, porque, ao entendê-las, você as ama. Precisa desenvolver sua função Observação para que possa ver as coisas com mais clareza e evitar muitos sofrimentos e medos que são apenas frutos de sua grande imaginação, e principalmente sua terceira função, que é a de Conservador (Observação interior), para descobrir o que, além desse seu mundo fantástico interior, é sagrado para você no mundo real para que se ancore nele. Caso contrário, pode acabar se tornando um eremita que se isola do mundo porque acha que não há nada de relevante nele. Sua função Inferior é o Construtor, isso indica que em algum momento da vida você sufocou seu desejo de agir e de construir e o encarcerou em seu inconsciente, por isso se tornou uma pessoa tão parada, que quase não age e parece se contentar com suas fantasias. Mas você é mais ambicioso do que pensa, e ambição não é necessariamente algo ruim, principalmente para quem tem ideais e princípios como os seus. Não é necessária uma coisa ou outra. O Construtor também gosta de conhecer o mundo exterior e aprender com ele, ao contrário de você que parece só querer aprender com seu coração e por isso acaba ficando mais fechado. Você precisa desenvolver esse lado, porque pode desenvolver coisas como compulsão por informações desnecessárias, de repente colocar agressividade e competitividade colérica do Construtor de uma forma destrutiva e inconsciente. Por isso aceite que você não é apenas um Idealista, mas também uma potência com grande capacidade de fazer as coisas acontecerem e transformar seus ideais em realidade.

Conservador Construtor (Fleumático/Colérico)

Conservador Construtor Idealista Oportunista é membro do grupo dos protetores. É o tipo com o maior número de pessoas, costuma ser honesto, leal, trabalhador e ético. Nesse tipo, a necessidade de conservar e de proteger é expressa com a ajuda da vontade forte e lógica do Construtor, de quem essa combinação tira muito da ambição. Ele, em vez de ambicioso, é o tipo que quer ser o funcionário do mês, extremamente trabalhador, eficiente, cumpre as tarefas no prazo (embora perto desses prazos possa ficar irritadiço, porque, por trás de sua aparência de calma, ele leva tudo de uma forma muito pessoal), cumpre todas as normas da empresa (e espera que essas normas sejam bem definidas, se não fica estressado). Ou seja, ele sua mesmo pela empresa e veste a camisa dela. Como é introvertido, prefere trabalhar sozinho, ou com poucas pessoas, e em alguma área em que possa se especializar. É extremamente lógico e prático. Detesta planos mágicos sem nenhuma comprovação, ou longas reuniões em que só se discute o sexo dos anjos e nada de concreto é apresentado. Exatamente por ser do tipo Observação, não gosta de ideias abstratas que não possam ser comprovadas na prática. É paciente e dedicado, usando toda a sua energia para completar suas tarefas. Não gosta de depender de ninguém e considera isso uma fraqueza; odeia ser fraco ou demonstrar suas fraquezas, o que pode acabar sendo um obstáculo para pedir ajuda quando necessário. Por isso, precisa aprender a não ser tão orgulhoso e entender que ninguém é autossuficiente e que é por isso que vivemos em sociedade. Parece ser muito frio, mas é só na superfície; por debaixo dessa aparência de gelo há um coração muito bom que tem de tomar cuidado inclusive para não ser explorado pelos outros, porque tem dificuldade em dizer não. Muitas vezes fica triste quando as pessoas dizem que ele não tem sentimentos. Toma suas decisões com base em fatos que ele analisa fria e calmamente. Quando suas decisões são contestadas por pessoas do tipo Imaginação, principalmente se deixarem de considerar pontos-chave, pode ficar irritado. Como todo Construtor, quando promete cumpre, já que está focado na realização de suas tarefas e fica difícil para ele entender que existem pessoas que não têm o mesmo foco. Não é do tipo que corre atrás de um cargo de chefe, mas, se ocupar essa posição, será justo, porém exigirá dos subordinados que sejam esforçados como ele: subalternos preguiçosos, relapsos ou picaretas vão deixá-lo muito estressado e ele pode ter dificuldade de colocar esse desapontamento para fora, já que sua natureza fleumática parece que se sobrepõe à colérica, somada à sua terceira função, o Idealista, que tem dificuldade em expor suas emoções. Como um tipo Observação precisa aprender a desenvolver sua Imaginação para aprimorar sua capacidade de dar valor às ideias criativas que possam melhorar os projetos, em vez de ficar sendo sempre do contra quando querem fazer uma inovação. É lógico que suas observações são ótimas e podem ajudar a tornar essas ideias viáveis e que algumas são mesmo inviáveis, e o melhor é abandoná-las, mas ficar antipatizando com possíveis inovações só vai fazer de você um mala. Como todo tipo Racionalidade, precisa aprender mais sobre os sentimentos alheios; você não é do tipo que gosta de dar o ombro para os outros chorarem. Até aí tudo bem, mas cuidado para não pisar nos sentimentos alheios como um paquiderme, não que você tenha de se tornar um cara que se amordaça por causa do politicamente correto, que diz que não podemos falar nada porque há gente que se mata toda vez que ouve o que não quer, mas também não dá para ser insensível e esperar ter bons relacionamentos. Sua função Inconsciente é o Oportunista, mostrando que por trás desse cara certinho e caretinha que só quer realizar suas tarefas e proteger o que é sagrado há um lado seu que deseja ser mais criativo e se divertir mais. Por alguma razão achou que esse seu lado era nocivo para você e preferiu viver apertado nessa caixinha na qual habita, mas, se aceitar esse seu lado, logo você, que é tão certinho, pode expressá-lo de forma compulsiva, às vezes se engajando em verdadeiras roubadas impulsivamente. Aceite que há um lado seu que enxerga o mundo como um horizonte cheio de oportunidades e quer aproveitá-las, isso só vai enriquecer sua vida.

Conservador Agregador
(Fleumático/Sanguíneo)

Conservador Agregador Niilista Oportunista faz parte do grupo dos protetores. Como Conservador e Agregador, o que ele quer proteger principalmente são as pessoas que ama. Costuma ser muito voltado para as pessoas por causa de seu lado Agregador, tão voltado que pode parecer ser um extrovertido; até ele pode achar isso e não manter o distanciamento que de vez em quando todo introvertido tem de fazer para não se sentir esgotado. Pode achar que são os outros que o exploram; é verdade que não deveria se deixar explorar às vezes, mas o principal motivo talvez seja este. Também costuma se conectar de forma bem íntima às pessoas que ama. Ele, como todo protetor, costuma ser trabalhador e leal, buscando cuidar das tradições, mas, apesar de ser Conservador, aceita mudanças com menos resistência. Tem ótima capacidade analítica e costuma lidar bem com fatos, melhor que os outros tipos de Emocionalidade, e os que o conhecem, com certeza, o consideram bastante sensato. Mas, como todo Conservador, não consegue valorizar o muito que faz, exatamente porque sua Observação exterior é mais fraca. Por ser ativo trabalha duro, sem medo de encarar responsabilidades; se você deixar uma tarefa na mão dele, pode ter certeza de que vai fazer, mas não é tão rígido com a maioria dos outros ativos, talvez por causa de sua natureza agregadora, apesar de ele não ser superficial como muitos agregadores são, embora para estes cuidar dos outros seja um dever e ele costuma levar seus deveres a sério. Quando lhe pedem algo, costuma pensar primeiro se é capaz de fazê-lo e se pode contribuir de forma positiva. Se chegar à conclusão de que sim, ele se comprometerá e levará muito a sério a nova incumbência. Sua natureza introvertida o transforma em uma pessoa profunda e com grande capacidade de reflexão. No entanto, precisa aprender a desenvolver sua Imaginação para que possa ser mais criativo e perceber mais as possibilidades que lhe aparecem. Precisa acreditar mais em seu potencial; você é uma pessoa capaz de muitas coisas, é inteligente, trabalhador, honesto, flexível, bondoso, justo; é capaz de sacrifícios pelos que ama, tem uma forte necessidade de ajudar, mas você acha que não é nada demais. Porém, se a maioria das pessoas fosse como você, teríamos um mundo muito melhor. Você pode parecer muito calmo ao fazer suas coisas e cumprir com suas tarefas, mas por baixo dessa calma há muita emoção e preocupação, até mesmo achando tudo engraçado; entretanto, essa calma na superfície faz com que pareça ainda mais confiável. Você precisa desenvolver sua terceira função, que é o Niilista, para poder impor um pouco mais sua personalidade, mandar às favas quem merece e quem abusa de sua bondade para explorá-lo. Não é porque você é bonzinho que tem de ser feito de otário por gente que não vale nada. Reserve sua bondade para quem merece, e seu lado Niilista pode ajudar nessa direção. Esse lado também pode auxiliá-lo a romper com coisas de sua vida que você não quer mais, porém às vezes, com o medo de desagradar, você pode ter medo de fazer, já que o Niilista põe mesmo abaixo aquilo que não quer mais, independentemente do que os outros pensam. Sua função Inconsciente é o Oportunista, mostrando que por trás desse cara certinho e caretinha que só quer realizar suas tarefas e proteger o que é sagrado há um lado seu que deseja ser mais criativo e se divertir mais. Por alguma razão achou que esse seu lado era nocivo para você e preferiu viver apertado nessa caixinha na qual habita. Mas, se não aceitar esse seu lado, logo você, que é tão certinho, pode expressá-lo de forma compulsiva, às vezes se engajando em verdadeiras roubadas impulsivamente. Aceite que há um lado seu que enxerga o mundo como um horizonte cheio de oportunidades e quer aproveitá-las, isso só vai enriquecer a sua vida.

Niilista Explorador (Colérico/Fleumático)

O Niilista Explorador Profeta Agregador é parte do grupo dos artistas. Ele explora o ambiente exterior para obter informações que irão alimentar sua mente Niilista que quer gerar suas próprias ideias. Explora com os olhos e principalmente com as mãos, adora criar com mãos e faz isso por diversão e porque o estimula intelectualmente. Em geral tem vários projetos. Por causa dessa característica, costuma ter prazer em dar uma mão aos outros quando o problema envolve esse tipo de habilidades para ser solucionado, porque para ele é mais uma diversão do que uma ajuda propriamente dita. Possui um racionalismo tranquilo que lhe permite gastar somente a energia necessária para a conclusão de cada projeto. Por causa de seu lado Explorador, tem uma curiosidade audaciosa que o empurra a correr riscos. Ele explora ideias por meio da criação em um jogo de tentativa e erro no qual vai descobrindo novas possibilidades, e isso o excita muito. Por ter uma mente que funciona dessa forma, a escola não costuma ser um lugar que deixa saudades; tende a ser um aluno medíocre, a não ser que seja muito disciplinado, o que não é comum nesse tipo, já que ele é passivo. Aprecia trocar experiência com os amigos, porque gosta de repassar as ideias que sua mente desenvolve quando está criando. Ele é enigmático, porque é cheio de contradições; é amigável, mas reservado; calmo, mas seu lado explorador o leva a ser cheio de espontaneidade e a ser impulsivo; é muito curioso, mas não gosta muito de estudar; gosta de fazer coisas como um ativo, mas na verdade é um passivo que não gosta muito de regras e estruturas. Outra contradição é que por um tempo pode estar ao nosso lado nos ajudando como se tivesse criado raízes e, de repente, o vento muda e o seu lado explorador o faz seguir uma nova direção do nada. Para ele não há nada de estranho nisso e, por mais que pareça estar domesticado, tem esse lado selvagem que sempre vai embora quando lhe dá na telha. Por ser um tipo Observação, não costuma gostar de ideias abstratas e que não pareçam ser práticas, não podendo exercer funções que exijam esse perfil. Por ser passivo, precisa aprender a lidar com limites, ambientes estruturados, não desperdiçar seu tempo e cumprir prazos. Por ser um tipo Racionalidade, precisa desenvolver sua função Emocionalidade, primeiro porque tende a se relacionar com os outros mais por ações do que afetivamente. A Racionalidade já tende a ser meio grosseira e insensível, a qual, somada à natureza exploradora que é muito impulsiva, o leva a ser mais grosseiro do que o habitual, até para quem é desse tipo. Você se joga de cabeça e acha que todos são como você. Deve desenvolver também sua terceira função, o Profeta, porque precisa aprimorar o conceito de ação e reação para antecipar os resultados de suas ações; precisa saber qual é sua missão para não ficar vagando sem rumo pelo mundo, sem falar que as visões do Profeta podem tornar suas criações muito mais originais. Sua função inferior é o Agregador, indicando que por algum motivo você deixou de acreditar que teria algum resultado procurando estar em harmonia com seu ambiente, ou buscando harmonizá-lo. Achou que era melhor chutar o pau da barraca e ligar o foda-se, vendo o circo pegar fogo. No entanto, como esse lado só foi enterrado no inconsciente, você pode de alguma forma compulsiva tentar agradar a algumas pessoas, ou fazer tentativas neuróticas de harmonizar o ambiente. Aceite esse seu lado que quer se socializar, se divertir e estar em paz com mundo. Provavelmente você acha isso fútil, mas é uma parte sua que você precisa trazer à tona de novo.

Idealista Explorador (Sanguíneo/Fleumático)

     O Idealista Explorador Profeta Construtor faz parte do grupo dos artistas. Por causa de sua natureza idealista, ele vive em um mundo belo e sensual que é alimentado pela conexão que faz com a pessoas. Marilyn Monroe é um belo exemplo desse tipo. Sua imagem de símbolo sexual vem de seu lado Explorador que gostava de seduzir os outros, mas o lado meigo, doce, que fazia um contraponto à aparência sexy, vinha da natureza Idealista. Uma beleza interior que normalmente não era percebida a olho nu (o Idealista é a Emocionalidade interior), mas que a câmera conseguia captar com precisão. Ele tem geralmente talento artístico e muito bom gosto, não quer dizer que vá sempre trabalhar com uma carreira artística, mas que tem senso estético e uma perspectiva única. Por causa de seu lado Explorador, esse tipo costuma ser espontâneo e imprevisível, e é muito curioso no que tange a explorar o mundo exterior; quase sempre se atira de cabeça em novas aventuras. Pode-se dizer que gasta muito de seu tempo e energia para impulsionar suas paixões, porque, como todos os exploradores, ele se confunde com objetos e experiências com os quais se defronta no meio do caminho. Em virtude disso, adota um comportamento de risco, mas, como costuma estar muito presente, muitas vezes consegue se safar das consequências desse comportamento destrutivo. Esse é outro tipo de introvertido que parece ser extrovertido, exatamente por causa dessa necessidade de experimentar coisas novas e agir de forma impulsiva. Mas, como todo bom introvertido, precisa se afastar às vezes para recompor suas baterias. Quando o faz, não fica pensando no passado ou no futuro, mas em seus valores, no que é importante para ele. Saber quais são seus valores é muito importante para ele, que só tem respeito por quem tem esse tipo de preocupação também. Esse tipo costuma ser muito charmoso e sabe seduzir, e em algumas circunstâncias usa essas qualidades para manipular as pessoas, porque muitas vezes não sabe cuidar bem de si mesmo. Por isso, não costuma pensar duas vezes em usar seus encantos para conseguir que os outros façam por ele o que ele não sabe ou não está disposto a fazer para si. Odeia críticas e conflitos e muitas vezes usa esse poder de sedução para tentar evitá-los, mas, se não conseguir, pode agir de forma agressiva, o que dificulta para os que estão próximos conseguirem mostrar-lhe quanto algumas de suas ações são destrutivas e irresponsáveis. Porém, essa agressividade costuma passar, porque não é de ficar guardando rancores, e está sempre focado no presente. A melhor forma de tentar lhe falar sobre seu comportamento é um jeito mais maduro, com um tato que só um Agregador costuma ter e sem nenhuma crítica ou repreensão. No entanto, esse comportamento excessivamente melindroso com críticas pode ser bastante atenuado com o desenvolvimento de sua função Racionalidade, se aprender a lidar melhor com os fatos. Precisa desenvolver seu lado ativo, porque costuma não ser nada prático quando trata de lidar consigo mesmo; não tem uma capacidade de planejamento e menos ainda de executar. Mesmo coisas mais banais podem ser uma dificuldade, e aí tenta ir para o caminho mais fácil, que é seduzir os outros para ter o que quer, o que não passa de parasitismo. Cresça e tome conta de você. Deve desenvolver também sua terceira função, o Profeta, para aprimorar o conceito de ação e reação, antecipando os resultados de suas ações; precisa saber qual é sua missão para não ficar vagando sem rumo pelo mundo. Sua função Inferior é o Construtor; isso indica que em algum momento da vida você sufocou seu desejo de agir e de construir e o encarcerou em seu inconsciente. Por isso, tornou-se uma pessoa sem capacidade de empreender, que quase não age e parece se contentar com suas fantasias. Mas você é mais ambicioso do que pensa, e ambição não é necessariamente algo ruim, principalmente para quem tem ideais e princípios como os seus. Não é necessária uma coisa ou outra. O Construtor também gosta de aprender com o mundo exterior, ao contrário de você que parece só querer aprender com seu coração, por isso acaba ficando mais fechado. Precisa melhorar esse lado, porque pode desenvolver coisas como compulsão por informações desnecessárias, de repente colocar a agressividade e a competitividade colérica do Construtor de uma forma destrutiva e inconsciente. Por isso, aceite que você não é apenas um Idealista, mas uma potência com um grande poder de fazer as coisas acontecerem e de transformar seus ideais em realidade.

Correspondência MBTI e o tipo de herói	
MBTI	Herói
ENTJ	Construtor Profeta
ENTP	Oportunista Niilista
ENFJ	Agregador Profeta
ENFP	Oportunista Idealista
ESTJ	Construtor Conservador
ESFJ	Agregador Conservador
ESTP	Explorador Niilista
ESFP	Explorador Idealista
INTJ	Profeta Construtor
INTP	Niilista Oportunista
INFJ	Profeta Agregador
INFP	Idealista Oportunista
ISTJ	Conservador Construtor
ISFJ	Conservador Agregador
ISTP	Niilista Explorador
ISFP	Idealista Explorador

Perguntas

1. Extroversão

- [ ] a) Para fora
- [ ] b) Para dentro
- [ ] c) Sem direção

2. Extroversão

- [ ] a) Precisa de estímulos internos
- [ ] b) Precisa de estímulos externos
- [ ] c) Sem estímulos

3. Extroversão

- [ ] a) Foco confuso
- [ ] b) Foco mundo interno
- [ ] c) Foco mundo exterior

4. Extroversão

- [ ] a) Dificuldade em saber quem é
- [ ] b) Sabe facilmente quem é
- [ ] c) Procura saber quem é

5. Extroversão

☐ a) Gosta de silêncio
☐ b) Gosta de conversar
☐ c) Gosta de mistérios

6. Extroversão

☐ a) Indiferente às pessoas
☐ b) Evita pessoas
☐ c) Gosta de pessoas

7. Extroversão

☐ a) Multidões
☐ b) Poucas pessoas
☐ c) Solitário

8. Extroversão

☐ a) Sempre só
☐ b) Nunca só
☐ c) Melhor só

9. Extroversão

☐ a) Exterior enfraquece
☐ b) Exterior não importa
☐ c) Exterior fortalece

10. Extroversão

☐ a) Sociável
☐ b) Ermitão
☐ c) Antissocial

11. Extroversão

☐ a) Pensa
☐ b) Age
☐ c) Sente

12. Extroversão

- [ ] a) Tem introspecção
- [ ] b) Tem paciência
- [ ] c) Tem energia

13. Extroversão

- [ ] a) Odeia rotina
- [ ] b) Adora rotina
- [ ] c) Precisa de rotina

14. Extroversão

- [ ] a) Necessita olhar para fora
- [ ] b) Necessita olhar para dentro
- [ ] c) Relacionar-se mais

15. Extroversão

- [ ] a) 25% da população
- [ ] b) 50%
- [ ] c) 75%

16. Extroversão

- [ ] a) Oposta à Introversão
- [ ] b) Oposta à Racionalidade
- [ ] c) Oposta à Imaginação

17. Introversão

- [ ] a) 25% da população
- [ ] b) 50%
- [ ] c) 75%

18. Introversão

- [ ] a) Mundo externo
- [ ] b) Mundo interno
- [ ] c) Superficial

19. Introversão

- [ ] a) Pessoas
- [ ] b) Ações
- [ ] c) Ideias e sentimentos

20. Introversão

- [ ] a) Reflexivo
- [ ] b) Expansivo
- [ ] c) Comunicativo

21. Introversão

- [ ] a) Superficial
- [ ] b) Profundo
- [ ] c) Irracional

22. Introversão

- [ ] a) Muitas pessoas
- [ ] b) Nunca sozinho
- [ ] c) Poucas pessoas

23. Introversão

- [ ] a) Precisa se isolar
- [ ] b) Precisa aparecer
- [ ] c) Precisa liderar

24. Introversão

- [ ] a) Detesta trabalhar só
- [ ] b) Pode trabalhar só
- [ ] c) Só trabalha sozinho

25. Introversão

- [ ] a) Nunca tem amigos
- [ ] b) Muitos amigos
- [ ] c) Poucos amigos

26. Introversão
- [ ] a) Capacidade de concentração
- [ ] b) Ambiente externo o distrai
- [ ] c) Faz muito barulho

27. Introversão
- [ ] a) Prefere falar
- [ ] b) Prefere ouvir
- [ ] c) Prefere brigar

28. Introversão
- [ ] a) Prefere pessoas
- [ ] b) Prefere agir
- [ ] c) Prefere observar

29. Introversão
- [ ] a) Precisa atuar mais no mundo exterior
- [ ] b) Precisa ficar só
- [ ] c) Precisa sonhar mais

30. Introversão
- [ ] a) Oposta à Observação
- [ ] b) Oposta à Extroversão
- [ ] c) Oposta à Imaginação

31. Observação
- [ ] a) Função de Análise
- [ ] b) Função de Decisão
- [ ] c) Função de Afirmação

32. Observação
- [ ] a) Pensamento
- [ ] b) Cinco sentidos
- [ ] c) Sentimento

33. Observação

- [ ] a) Adora abstrações
- [ ] b) Pensa muito
- [ ] c) Odeia abstrações

34. Observação

- [ ] a) Ver para crer
- [ ] b) Crer para ver
- [ ] c) Devaneia

35. Observação

- [ ] a) 50% população
- [ ] b) 75%
- [ ] c) 90%

36. Observação

- [ ] a) Vive no passado
- [ ] b) Vive no futuro
- [ ] c) Vive no presente

37. Observação

- [ ] a) Foco na tarefa
- [ ] b) Esquece dos deveres
- [ ] c) Lunático

38. Observação

- [ ] a) A mente não para
- [ ] b) Um problema de cada vez
- [ ] c) Visionário

39. Observação

- [ ] a) Intelectual
- [ ] b) Sentimental
- [ ] c) Prático

40. Observação

- [ ] a) Ama regras práticas
- [ ] b) Foge da realidade
- [ ] c) Detesta informações precisas

41. Observação

- [ ] a) Teorias malucas
- [ ] b) Fatos concretos
- [ ] c) Medos estranhos

42. Observação

- [ ] a) Grande criatividade
- [ ] b) Sonha muito
- [ ] c) Boa memória

43. Observação

- [ ] a) Organizada
- [ ] b) Mística
- [ ] c) Introvertida

44. Observação

- [ ] a) Confiar mais nos sentidos
- [ ] b) Confiar mais na intuição
- [ ] c) Inventar menos história

45. Observação

- [ ] a) Precisa ser prático
- [ ] b) Precisa pensar
- [ ] c) Precisa ser corajoso

46. Observação

- [ ] a) Oposta à Imaginação
- [ ] b) Oposta à Racionalidade
- [ ] c) Oposta à Emocionalidade

47. Explorador

- [ ] a) Adora fantasias
- [ ] b) Pensa muito
- [ ] c) Funde-se ao que experimenta

48. Conservador

- [ ] a) Vive ou morre pelo que é sagrado
- [ ] b) Sensação voltada para fora
- [ ] c) Detesta esportes

49. Imaginação

- [ ] a) Função de Decisão
- [ ] b) Função de Análise
- [ ] c) Função de Afirmação

50. Imaginação

- [ ] a) Ligada aos cinco sentidos
- [ ] b) Ligada ao sexto sentido
- [ ] c) Ligada à Lógica

51. Imaginação

- [ ] a) As coisas como são
- [ ] b) As coisas que desejamos
- [ ] c) As coisas como podem ser

52. Imaginação

- [ ] a) 25% da população
- [ ] b) 50%
- [ ] c) 75%

53. Imaginação

- [ ] a) Muito conservadora
- [ ] b) Gosta de abstrações
- [ ] c) Praticidade

54. Imaginação

☐ a) Ver para crer
☐ b) O coração manda
☐ c) Crer para ver

55. Imaginação

☐ a) Tem imaginação
☐ b) Nada criativo
☐ c) Materialista

56. Imaginação

☐ a) Vive no presente
☐ b) O presente é insuportável
☐ c) O presente é um presente

57. Imaginação

☐ a) Satisfeito com o que tem
☐ b) Traumas do passado superados
☐ c) As coisas poderiam ser melhores

58. Imaginação

☐ a) Vive no passado ou no futuro
☐ b) Adora rotina
☐ c) Superficial

59. Imaginação

☐ a) Foco nas tarefas
☐ b) Foco no método
☐ c) Conservadora

60. Imaginação

☐ a) Visão estreita
☐ b) Pragmático
☐ c) Enxerga o potencial de uma ideia

61. Imaginação

☐ a) Gera novos processos
☐ b) Prende-se ao obsoleto
☐ c) Odeia mudança

62. Imaginação

☐ a) Precisa pensar mais
☐ b) Precisa ter gratidão
☐ c) Precisa criar mais

63. Imaginação

☐ a) Deve abstrair mais
☐ b) Deve ser generoso
☐ c) Deve se focar no presente

64. Imaginação

☐ a) Oposta à Sensação
☐ b) Oposta ao Sentimento
☐ c) Oposta ao Pensamento

65. Oportunista

☐ a) Enxerga inúmeras possibilidades no exterior
☐ b) Frieza emocional
☐ c) Dificuldade de pensar

66. Profeta

☐ a) Muito extrovertido
☐ b) Ler o interior das pessoas
☐ c) Materialismo é forte

67. Profeta

☐ a) Meticuloso
☐ b) Ambicioso
☐ c) Visões interiores

68. Racionalidade

☐ a) Função de Análise
☐ b) Função de Afirmação
☐ c) Função de Decisão

69. Racionalidade

☐ a) Racional
☐ b) Emotivo
☐ c) Para fora

70. Racionalidade

☐ a) Sonhador
☐ b) Objetivo
☐ c) Hipócrita

71. Racionalidade

☐ a) Livre
☐ b) Fútil
☐ c) Lógico

72. Racionalidade

☐ a) Trabalha com fatos
☐ b) Trabalha com valores
☐ c) Trabalha com abstrações

73. Racionalidade

☐ a) Justiça Social
☐ b) Justiça
☐ c) Justiça do Coração

74. Racionalidade

☐ a) Regras flexíveis
☐ b) Odeia regras
☐ c) Uma regra para todos

75. Racionalidade
- [ ] a) Os valores dos outros não importam
- [ ] b) Valores importam
- [ ] c) Valores fracos

76. Racionalidade
- [ ] a) Sentimentos fluem facilmente
- [ ] b) Sentimentos reprimidos
- [ ] c) Sem sentimentos

77. Racionalidade
- [ ] a) Adora demonstrações de sentimentos
- [ ] b) Consciência das emoções
- [ ] c) Detesta sentimentalismo

78. Racionalidade
- [ ] a) Emoções são irracionais
- [ ] b) Dificuldade de aprender
- [ ] c) Fatalista

79. Racionalidade
- [ ] a) 25% homens
- [ ] b) 75% homens
- [ ] c) 75% mulheres

80. Racionalidade
- [ ] a) Precisa pensar mais
- [ ] b) Precisa ser mais lógico
- [ ] c) Precisa ser mais empático

81. Racionalidade
- [ ] a) Oposto à Emocionalidade
- [ ] b) Oposto à Imaginação
- [ ] c) Oposto à Observação

82. Construtor

- [ ] a) Soluciona problemas
- [ ] b) Medo de pensar
- [ ] c) Sentimental

83. Construtor

- [ ] a) Solidário
- [ ] b) Busca conhecimento
- [ ] c) Irresponsável

84. Construtor

- [ ] a) Fechado
- [ ] b) Irresponsável
- [ ] c) Comunicativo

85. Niilista

- [ ] a) Mente voltada para fora
- [ ] b) Indisciplinado
- [ ] c) Cria novos conceitos

86. Niilista

- [ ] a) Pensamento independente
- [ ] b) Pensamento superficial
- [ ] c) Não consegue pensar

87. Niilista

- [ ] a) Bom para matemáticos ou filósofos
- [ ] b) Sentimentos ofuscam ideias
- [ ] c) Irrefletido ao falar

88. Emocionalidade

- [ ] a) Função de Decisão
- [ ] b) Função de Afirmação
- [ ] c) Função de Análise

89. Emocionalidade

☐ a) Pensa muito
☐ b) Ouve o coração
☐ c) Irresponsável

90. Emocionalidade

☐ a) Imparcial
☐ b) Justo
☐ c) Bondoso

91. Emocionalidade

☐ a) Subjetivo
☐ b) Objetivo
☐ c) Cético

92. Emocionalidade

☐ a) A lógica é tudo
☐ b) Valores na frente
☐ c) Muito estruturado

93. Emocionalidade

☐ a) Busca a verdade
☐ b) Ocupa-se com fatos
☐ c) Sofre pelos outros

94. Emocionalidade

☐ a) Valoriza a harmonia
☐ b) Valoriza o aprendizado
☐ c) Valoriza suas posses

95. Emocionalidade

☐ a) 50% das mulheres
☐ b) 75% das mulheres
☐ c) 75% dos homens

96. Emocionalidade

☐ a) Egocêntrico
☐ b) Independente
☐ c) Conciliador

97. Emocionalidade

☐ a) Incoerente
☐ b) Indefectível
☐ c) Sensato

98. Emocionalidade

☐ a) Frio
☐ b) Ilógico
☐ c) Contundente

99. Emocionalidade

☐ a) Precisa sentir
☐ b) Precisa ir
☐ c) Precisa refletir

100. Emocionalidade

☐ a) Oposto ao Pensamento
☐ b) Oposto à Sensação
☐ c) Oposto à Intuição

101. Agregador

☐ a) Gentil e carinhoso
☐ b) Briguento e invejoso
☐ c) Observador e paciente

102. Agregador

☐ a) Intelectual
☐ b) Guerreiro
☐ c) Agradável

103. Agregador

☐ a) Solitário
☐ b) Tem muitos amigos
☐ c) Muito independente

104. Idealista

☐ a) Humanitário
☐ b) Louco
☐ c) Chora fácil

105. Idealista

☐ a) Expressa bem os sentimentos
☐ b) Sentimentos profundos
☐ c) Parece ser falso

106. Idealista

☐ a) Fala muito
☐ b) Sonha pouco
☐ c) Parece frio

107. Ativo

☐ a) Imaginação ou Análise extrovertida
☐ b) Racionalidade ou Emocionalidade extrovertida
☐ c) Imaginação ou Observação extrovertida

108. Ativo

☐ a) Decidido
☐ b) Indeciso
☐ c) Romântico

109. Ativo

☐ a) Flexível
☐ b) Valoriza experiências passadas
☐ c) Dependente

110. Ativo

☐ a) Bagunceiro
☐ b) Irresponsável
☐ c) Adora rotina

111. Ativo

☐ a) Ama estruturas
☐ b) Volúvel
☐ c) Adorável

112. Ativo

☐ a) Deixa rolar
☐ b) Faz acontecer
☐ c) Sonha acordado

113. Ativo

☐ a) Imprevisível
☐ b) Provocador
☐ c) Quer controlar a vida

114. Ativo

☐ a) Precavido
☐ b) Nunca se prepara
☐ c) Adora improvisos

115. Ativo

☐ a) Expansionista
☐ b) Prepara tudo
☐ c) Artístico

116. Ativo

☐ a) É a cigarra
☐ b) É o coelho
☐ c) É a formiga

117. Ativo

☐ a) 50% da população
☐ b) 75%
☐ c) 25%

118. Ativo

☐ a) Odeia prazos
☐ b) Odeia atrasos
☐ c) Odeia honestidade

119. Ativo

☐ a) Não cumpre compromissos
☐ b) Perdoa facilmente
☐ c) É certinho

120. Ativo

☐ a) Precisa aprender a ser flexível
☐ b) Precisa cumprir prazos
☐ c) Precisa atingir metas

121. Passivo

☐ a) Observação ou Emocionalidade extrovertida
☐ b) Racionalidade ou Emocionalidade extrovertida
☐ c) Observação ou Imaginação extrovertida

122. Passivo

☐ a) 25% da população
☐ b) 50%
☐ c) 75%

123. Passivo

☐ a) Crítico
☐ b) Focado
☐ c) Opções em aberto

124. Passivo

☐ a) É a cigarra
☐ b) É o coelho
☐ c) É a formiga

125. Passivo

☐ a) A vida é séria
☐ b) A vida é uma escola
☐ c) A vida é uma guerra

126. Passivo

☐ a) Egoísta
☐ b) Indiferente
☐ c) Evita tomar decisões

127. Passivo

☐ a) Odeia estruturar e organizar
☐ b) Sempre tenso
☐ c) Prudente

128. Passivo

☐ a) Ambicioso
☐ b) Procrastinador
☐ c) Diplomático

129. Passivo

☐ a) Intolerante
☐ b) Determinado
☐ c) Flexível

130. Passivo

☐ a) Experimentador
☐ b) Competitivo
☐ c) Materialista

131. Passivo

- [ ] a) Quer vencer
- [ ] b) Quer compreender a vida
- [ ] c) Quer domina a vida

132. Passivo

- [ ] a) Quer vencer
- [ ] b) Quer ter posses
- [ ] c) Quer ter experiências

133. Passivo

- [ ] a) Gosta de improvisar
- [ ] b) É pontual
- [ ] c) É muito normal

134. Passivo

- [ ] a) Profeta
- [ ] b) Sabe se adaptar
- [ ] c) Insensível

135. Passivo

- [ ] a) Medroso
- [ ] b) Fleumático
- [ ] c) Aberto a mudanças

136. Passivo

- [ ] a) Precisa aprender a estruturar
- [ ] b) Precisa amar
- [ ] c) Precisa sonhar

137. Passivo

- [ ] a) Precisa experimentar
- [ ] b) Precisa saber planejar
- [ ] c) Precisa viver

138. Função dominante

- [ ] a) A mais atuante
- [ ] b) A que usamos menos
- [ ] c) Equilibra as outras

139. Função dominante

- [ ] a) Introvertida nos introvertidos
- [ ] b) Introvertida nos extrovertidos
- [ ] c) Extrovertida nos extrovertidos

140. Função dominante

- [ ] a) Extrovertida nos introvertidos
- [ ] b) Introvertida nos introvertidos
- [ ] c) Introvertida nos extrovertidos

141. Função coadjuvante

- [ ] a) Não é importante
- [ ] b) Enfraquece a principal
- [ ] c) Equilibra a principal

142. Função coadjuvante

- [ ] a) Equilibra Análise/Decisão
- [ ] b) É débil
- [ ] c) Pode anular a principal

143. Função coadjuvante

- [ ] a) É a mais importante
- [ ] b) Equilibra Extroversão/Introversão
- [ ] c) Desequilibra a Dominante

144. Terceira função

- [ ] a) Oposta à Coadjuvante
- [ ] b) Costuma ser forte
- [ ] c) Equilibra todas

145. Função inconsciente

☐ a) Oposta à coadjuvante
☐ b) Oposta à dominante
☐ c) Oposta à terceira

146. Função inconsciente

☐ a) Não é expressa
☐ b) Expressa conscientemente
☐ c) Expressa inconscientemente

147. Função inconsciente

☐ a) Mais forte no estresse
☐ b) Menos forte no estresse
☐ c) Causa estresse

148. Função inconsciente

☐ a) Sem importância
☐ b) Precisa ser integralizada
☐ c) Muito forte

149. Função inconsciente

☐ a) Liberdade e felicidade
☐ b) Equilíbrio e força
☐ c) Compulsão e medo

150. Neurose

☐ a) As quatro funções desequilibradas
☐ b) Equilíbrio das funções
☐ c) Ausência de funções

151. Explorador Função Inconsciente

☐ a) Temores inconscientes
☐ b) Pode comer muito
☐ c) Sonha muito

152. Explorador Função Inconsciente

- [ ] a) Pensa muito
- [ ] b) Agrada aos outros
- [ ] c) Busca informações desnecessárias

153. Explorador Função Inconsciente

- [ ] a) Adora reprises por causa da sensação
- [ ] b) Mente muito
- [ ] c) Lê pouco

154. Explorador Função Inconsciente

- [ ] a) Avarento
- [ ] b) Pode gastar muito
- [ ] c) Irresponsável

155. Explorador Função Inconsciente

- [ ] a) Sem coração
- [ ] b) Preguiçoso
- [ ] c) Pode ter TOC

156. Conservador Função Inconsciente

- [ ] a) Hipocondria
- [ ] b) Alcoolismo
- [ ] c) Fanatismo

157. Conservador Função Inconsciente

- [ ] a) Persistência
- [ ] b) Desrespeita os limites do corpo
- [ ] c) Teimoso

158. Conservador Função Inconsciente

- [ ] a) Sem caráter
- [ ] b) Temperamental
- [ ] c) Medo do que a maioria considera sagrado

159. Oportunista Função Inconsciente

☐ a) Deve confiar mais na intuição
☐ b) Ser mais prático
☐ c) Deve deixar de mentir

160. Oportunista Função Inconsciente

☐ a) Deve ser amoroso
☐ b) Deve ser criativo
☐ c) Deve ser forte

161. Oportunista Função Inconsciente

☐ a) Pode tomar decisões imprudentemente
☐ b) Pode ser idiota
☐ c) Pode ser medroso

162. Oportunista Função Inconsciente

☐ a) Tem maus presságios falsos
☐ b) Mente muito
☐ c) Frio

163. Profeta Função Inconsciente

☐ a) Perfeccionista
☐ b) Visões internas confusas
☐ c) Psicopata

164. Profeta Função Inconsciente

☐ a) Indeciso
☐ b) Agressivo
☐ c) Temores internos

165. Profeta Função Inconsciente

☐ a) Tristeza por não ter horizontes
☐ b) Temperamental
☐ c) Romântico

166. Construtor Função Inconsciente

☐ a) Deve sentir mais
☐ b) Deve buscar conhecimento
☐ c) Sonha demais

167. Construtor Função Inconsciente

☐ a) Deve brincar mais
☐ b) Deve aprender a lutar
☐ c) Deve tomar decisões lógicas

168. Construtor Função Inconsciente

☐ a) Ideais mirabolantes
☐ b) Ajuizado
☐ c) Mente objetiva

169. Construtor Função Inconsciente

☐ a) Comunica-se bem
☐ b) Pode falar compulsivamente
☐ c) Doente mental

170. Niilista Função Inconsciente

☐ a) Pensamento filosófico
☐ b) Egoísta
☐ c) Pode não saber quem é

171. Niilista Função Inconsciente

☐ a) Quais são meus pensamentos?
☐ b) Independente
☐ c) Pernóstico

172. Niilista Função Inconsciente

☐ a) Responsável
☐ b) Pensamentos internos compulsivos
☐ c) Não oferece amor

173. Agregador Função Inconsciente

☐ a) Não tem consideração
☐ b) Vive reclamando
☐ c) Quer agradar compulsivamente

174. Agregador Função Inconsciente

☐ a) Emoções reprimidas expressas de forma destrutiva
☐ b) Medo de viver
☐ c) Pouca inteligência

175. Agregador Função Inconsciente

☐ a) Aprender a ser determinado
☐ b) Aprender a ser diplomático
☐ c) Aprender a pensar

176. Idealista Função Inconsciente

☐ a) Sem sentimentos
☐ b) Precisa aprender
☐ c) Ignora seus sentimentos

177. Idealista Função Inconsciente

☐ a) Fraco emocionalmente
☐ b) Expressa sentimentos inadequadamente
☐ c) Infeliz

178. Idealista Função Inconsciente

☐ a) Medo de pensar
☐ b) Medo de criar
☐ c) Medo de expressar sentimentos

179. Imaginação e Racionalidade

☐ a) Pensadores
☐ b) Sonhadores
☐ c) Protetores

180. Pensadores

☐ a) Mudar ideais
☐ b) Gerar ideias
☐ c) Criar com as mãos

181. Imaginação e Emocionalidade

☐ a) Artistas
☐ b) Pensadores
☐ c) Sonhadores

182. Sonhadores

☐ a) Mudar ideais
☐ b) Gerar ideias
☐ c) Manter o *status quo*

183. Observação e Ativo

☐ a) Artistas
☐ b) Protetores
☐ c) Pensadores

184. Protetores

☐ a) Criar com as mãos
☐ b) Mudar ideais
☐ c) Manter o *status quo*

185. Observação e Passivo

☐ a) Artistas
☐ b) Protetores
☐ c) Sonhadores

186. Artistas

☐ a) Gerar ideias
☐ b) Criar com as mãos
☐ c) Mudar ideais

187. Construtor Profeta

☐ a) Fleumático/Sanguíneo
☐ b) Colérico/Melancólico
☐ c) Melancólico/Fleumático

188. Construtor Profeta

☐ a) Profeta Função Dominante
☐ b) Idealista Função Dominante
☐ c) Construtor Função Dominante

189. Construtor Profeta

☐ a) Profeta Função Coadjuvante
☐ b) Construtor Função Coadjuvante
☐ c) Conservador Função Coadjuvante

190. Construtor Profeta

☐ a) Construtor Função Inconsciente
☐ b) Idealista Função Inconsciente
☐ c) Oportunista Função Inconsciente

191. Construtor Profeta

☐ a) 1-3% população
☐ b) 10-15%
☐ c) 2-5%

192. Construtor Profeta

☐ a) Líderes naturais
☐ b) Pacatos
☐ c) Sonhadores

193. Construtor Profeta

☐ a) Apagado
☐ b) Carismático
☐ c) Medroso

194. Construtor Profeta

☐ a) Irresponsável
☐ b) Sensível
☐ c) Confiante

195. Construtor Profeta

☐ a) Racionalidade cruel
☐ b) Misticismos
☐ c) Dependente

196. Construtor Profeta

☐ a) Fraco
☐ b) Opressor
☐ c) Calmo

197. Construtor Profeta

☐ a) Indeciso
☐ b) Artístico
☐ c) Vencedor

198. Construtor Profeta

☐ a) Adora desafios
☐ b) Espiritualizado
☐ c) Imparcial

199. Construtor Profeta

☐ a) Fleumático
☐ b) Empreendedor
☐ c) Delicado

200. Construtor Profeta

☐ a) Vigarista
☐ b) Diplomata
☐ c) Determinado

201. Construtor Profeta

☐ a) Estrategista
☐ b) Perdulário
☐ c) Ingênuo

202. Construtor Profeta

☐ a) Volúvel
☐ b) Eficiente
☐ c) Carente

203. Construtor Profeta

☐ a) Bom
☐ b) Atencioso
☐ c) Crítico cruel

204. Construtor Profeta

☐ a) Não expressa emoção
☐ b) Não pensa
☐ c) Imprestável

205. Construtor Profeta

☐ a) Paciente
☐ b) Duro com "preguiçosos"
☐ c) Irresponsável

206. Construtor Profeta

☐ a) Modesto
☐ b) Servil
☐ c) Centro de poder

207. Construtor Profeta

☐ a) Precisa ser mais amoroso
☐ b) Vive para amar
☐ c) Don Juan

208. Oportunista Niilista

☐ a) Colérico/Fleumático
☐ b) Melancólico/Sanguíneo
☐ c) Colérico/Melancólico

209. Oportunista Niilista

☐ a) Construtor Função Dominante
☐ b) Oportunista Função Dominante
☐ c) Conservador Função Dominante

210. Oportunista Niilista

☐ a) Oportunista Função Coadjuvante
☐ b) Idealista Função Coadjuvante
☐ c) Niilista Função Coadjuvante

211. Oportunista Niilista

☐ a) Conservador Função Inconsciente
☐ b) Oportunista Função Inconsciente
☐ c) Construtor Função Inconsciente

212. Oportunista Niilista

☐ a) 1-2% da população
☐ b) 2-5%
☐ c) 8-12%

213. Oportunista Niilista

☐ a) Calado
☐ b) Tímido
☐ c) Adora debater

214. Oportunista Niilista

☐ a) Inteligência rápida
☐ b) Mente comum
☐ c) Empático

215. Oportunista Niilista

☐ a) Aventureiro
☐ b) Acumula conhecimentos
☐ c) Diplomático

216. Oportunista Niilista

☐ a) Solitário
☐ b) Independente
☐ c) Conecta ideias

217. Oportunista Niilista

☐ a) Reformula sistemas
☐ b) Controlador
☐ c) Pacífico

218. Oportunista Niilista

☐ a) Obstinado
☐ b) Odeia rotina
☐ c) Censor

219. Oportunista Niilista

☐ a) Mesquinho
☐ b) Amoroso
☐ c) Pensa grande

220. Oportunista Niilista

☐ a) Odeia trabalho braçal
☐ b) Lírico
☐ c) Desonesto

221. Oportunista Niilista

☐ a) Preconceituoso
☐ b) Pensa, mas não realiza
☐ c) Conservador

222. Oportunista Niilista

- [ ] a) Submisso
- [ ] b) Estrategista
- [ ] c) Questionador

223. Oportunista Niilista

- [ ] a) Sincero ao se comunicar
- [ ] b) Trabalhador
- [ ] c) Bajulador

224. Oportunista Niilista

- [ ] a) Dominador
- [ ] b) Racional
- [ ] c) Sentimental

225. Oportunista Niilista

- [ ] a) Guerreiro
- [ ] b) Possessivo
- [ ] c) Franco e direto

226. Oportunista Niilista

- [ ] a) Aprender a pensar
- [ ] b) Aprender a ser conciliador
- [ ] c) Aprender a relaxar

227. Oportunista Niilista

- [ ] a) Aprender a debater
- [ ] b) Aprender a ser flexível
- [ ] c) Aprender a amar

228. Oportunista Niilista

- [ ] a) Aprender a se comprometer
- [ ] b) Trabalhar menos
- [ ] c) Importar-se menos

229. Agregador Profeta

☐ a) Sanguíneo/Melancólico
☐ b) Fleumático/Colérico
☐ c) Sanguíneo/Colérico

230. Agregador Profeta

☐ a) Niilista Função Dominante
☐ b) Agregador Função Dominante
☐ c) Explorador Função Dominante

231. Agregador Profeta

☐ a) Agregador Função Coadjuvante
☐ b) Conservador Função Coadjuvante
☐ c) Profeta Função Coadjuvante

232. Agregador Profeta

☐ a) Niilista Função Inconsciente
☐ b) Explorador Função Inconsciente
☐ c) Oportunista Função Inconsciente

233. Agregador Profeta

☐ a) 11-14% da população
☐ b) 2-5%
☐ c) 6-8%

234. Agregador Profeta

☐ a) Irresponsável
☐ b) Egocêntrico
☐ c) Líder Natural

235. Agregador Profeta

☐ a) Cheio de Paixão
☐ b) Egoísta
☐ c) Autoritário

236. Agregador Profeta

- [ ] a) Solitário
- [ ] b) Guia os outros
- [ ] c) Medroso

237. Agregador Profeta

- [ ] a) Materialista
- [ ] b) Irresponsável
- [ ] c) Autêntico

238. Agregador Profeta

- [ ] a) Altruísta
- [ ] b) Tímido
- [ ] c) Frio

239. Agregador Profeta

- [ ] a) Fleumático
- [ ] b) Comunicador nato
- [ ] c) Conservador

240. Agregador Profeta

- [ ] a) Teimoso
- [ ] b) Discreto
- [ ] c) Enxerga a motivação dos outros

241. Agregador Profeta

- [ ] a) Interesse nos outros
- [ ] b) Cerebral
- [ ] c) Isola-se

242. Agregador Profeta

- [ ] a) Desconfiado
- [ ] b) Confia no outro
- [ ] c) Pragmático

243. Agregador Profeta

☐ a) Crítico
☐ b) Individualista
☐ c) Inspira os outros

244. Agregador Profeta

☐ a) Otimista
☐ b) Pessimista
☐ c) Realista

245. Agregador Profeta

☐ a) Intelectual
☐ b) Atencioso
☐ c) Lobo solitário

246. Agregador Profeta

☐ a) Pacato
☐ b) Contido
☐ c) Verdadeiro

247. Agregador Profeta

☐ a) Entusiasmo contagiante
☐ b) Sobriedade
☐ c) Procrastinador

248. Agregador Profeta

☐ a) Deve falar mais
☐ b) Deve confiar menos nos outros
☐ c) Deve mentir menos

249. Agregador Profeta

☐ a) Ser mais amável
☐ b) Dedicar-se mais aos outros
☐ c) Não forçar os outros

250. Agregador Profeta

☐ a) Separar seus problemas dos demais
☐ b) Expressar-se
☐ c) Não ser negligente

251. Oportunista Idealista

☐ a) Colérico/Fleumático
☐ b) Fleumático/Melancólico
☐ c) Melancólico/Sanguíneo

252. Oportunista Idealista

☐ a) Idealista Função Dominante
☐ b) Oportunista Função Dominante
☐ c) Conservador Função Dominante

253. Oportunista Idealista

☐ a) Construtor Função Coadjuvante
☐ b) Conservador Função Coadjuvante
☐ c) Idealista Função Coadjuvante

254. Oportunista Idealista

☐ a) Conservador Função Inconsciente
☐ b) Oportunista Função Inconsciente
☐ c) Agregador Função Inconsciente

255. Oportunista Idealista

☐ a) 4-5% da população
☐ b) 6-8%
☐ c) 11-14%

256. Oportunista Idealista

☐ a) Conservador
☐ b) Empreendedor
☐ c) Espírito livre

257. Oportunista Idealista

☐ a) Conexão social
☐ b) Materialismo
☐ c) Comum

258. Oportunista Idealista

☐ a) Prático
☐ b) Conexão emocional
☐ c) Estrategista

259. Oportunista Idealista

☐ a) Sério
☐ b) Tímido
☐ c) Charmoso

260. Oportunista Idealista

☐ a) Independente
☐ b) Pensa muito
☐ c) Realista

261. Oportunista Idealista

☐ a) Passivo
☐ b) Enérgico
☐ c) Mental

262. Oportunista Idealista

☐ a) Burocrata
☐ b) Sensato
☐ c) Compassivo

263. Oportunista Idealista

☐ a) Tudo está conectado
☐ b) Nada está conectado
☐ c) Pode haver conexão

264. Oportunista Idealista

- [ ] a) Ambição e determinação
- [ ] b) Compaixão e empatia
- [ ] c) Análise e crítica

265. Oportunista Idealista

- [ ] a) Filósofo
- [ ] b) Administrador
- [ ] c) Místico

266. Oportunista Idealista

- [ ] a) Espontâneo
- [ ] b) Racional
- [ ] c) Egoísta

267. Oportunista Idealista

- [ ] a) Vingativo
- [ ] b) Criativo
- [ ] c) Opressor

268. Oportunista Idealista

- [ ] a) Moralista
- [ ] b) Fleumático
- [ ] c) Livre

269. Oportunista Idealista

- [ ] a) Detesta rotina
- [ ] b) Metódico
- [ ] c) Trabalha duro

270. Oportunista Idealista

- [ ] a) Sem imaginação
- [ ] b) Inovador
- [ ] c) Trabalhador braçal

271. Oportunista Idealista

☐ a) Precisa amar
☐ b) Precisa criar
☐ c) Precisa encontrar seu lugar

272. Construtor Conservador

☐ a) Fleumático/Sanguíneo
☐ b) Colérico/Fleumático
☐ c) Melancólico/Sanguíneo

273. Construtor Conservador

☐ a) Construtor Função Dominante
☐ b) Conservador Função Dominante
☐ c) Idealista Função Dominante

274. Construtor Conservador

☐ a) Explorador Função Coadjuvante
☐ b) Conservador Função Coadjuvante
☐ c) Oportunista Função Coadjuvante

275. Construtor Conservador

☐ a) Profeta Função Inconsciente
☐ b) Explorador Função Inconsciente
☐ c) Idealista Função Inconsciente

276. Construtor Conservador

☐ a) 8-12% da população
☐ b) 2-4%
☐ c) 11-14%

277. Construtor Conservador

☐ a) Idealismo
☐ b) Tradição
☐ c) Liberal

278. Construtor Conservador

- [ ] a) Humilde
- [ ] b) Empático
- [ ] c) Gosta de ordem

279. Construtor Conservador

- [ ] a) Honesto
- [ ] b) Inovador
- [ ] c) Altruísta

280. Construtor Conservador

- [ ] a) Prefere ser liderado
- [ ] b) Dá bons conselhos
- [ ] c) Conectado aos outros

281. Construtor Conservador

- [ ] a) Prefere ficar só
- [ ] b) Não liga para nada
- [ ] c) Organiza a comunidade

282. Construtor Conservador

- [ ] a) Une as pessoas
- [ ] b) Independente
- [ ] c) Sonhador

283. Construtor Conservador

- [ ] a) Incompetente
- [ ] b) Líder
- [ ] c) Passivo

284. Construtor Conservador

- [ ] a) Intelectual
- [ ] b) Diplomata
- [ ] c) Trabalha duro

285. Construtor Conservador

☐ a) Cumpre o que fala
☐ b) Irresponsável
☐ c) Odeia regras

286. Construtor Conservador

☐ a) Adora abstrações
☐ b) Trabalha com fatos claros
☐ c) Pensa muito

287. Construtor Conservador

☐ a) Não cumpre a lei
☐ b) Promete e não cumpre
☐ c) Odeia preguiça e incompetência

288. Construtor Conservador

☐ a) Odeia desonestidade
☐ b) Odeia rotina
☐ c) Odeia organização

289. Construtor Conservador

☐ a) Sensível
☐ b) Inflexível
☐ c) Invejoso

290. Construtor Conservador

☐ a) Esforçar-se mais
☐ b) Respeitar mais as tradições
☐ c) Aprender a ser tolerante

291. Construtor Conservador

☐ a) Aceitar a diversidade
☐ b) Ser mais forte
☐ c) Cumprir suas tarefas

292. Construtor Conservador

- [ ] a) Deve ser mais responsável
- [ ] b) Deve ser mais amoroso
- [ ] c) Deve mentir menos

293. Agregador Conservador

- [ ] a) Sanguíneo/Fleumático
- [ ] b) Construtor/Profeta
- [ ] c) Profeta/Construtor

294. Agregador Conservador

- [ ] a) Explorador Função Dominante
- [ ] b) Niilista Função Dominante
- [ ] c) Agregador Função Dominante

295. Agregador Conservador

- [ ] a) Conservador Função Coadjuvante
- [ ] b) Idealista Função Coadjuvante
- [ ] c) Construtor Função Coadjuvante

296. Agregador Conservador

- [ ] a) Agregador Função Inconsciente
- [ ] b) Niilista Função Inconsciente
- [ ] c) Explorador Função Inconsciente

297. Agregador Conservador

- [ ] a) 1-3% da população
- [ ] b) 4-9%
- [ ] c) 9-13%

298. Agregador Conservador

- [ ] a) Popular
- [ ] b) Solitário
- [ ] c) Individualista

299. Agregador Conservador

☐ a) Melindroso
☐ b) Apoia os outros
☐ c) Desinteressado

300. Agregador Conservador

☐ a) Independente
☐ b) Grosseiro
☐ c) Sociável

301. Agregador Conservador

☐ a) Odeia abstrações
☐ b) Só pensa em si
☐ c) Intelectual

302. Agregador Conservador

☐ a) Idealista
☐ b) Preocupado com a aparência
☐ c) Neurastênico

303. Agregador Conservador

☐ a) Gosta de debates
☐ b) Quer mudar o mundo
☐ c) Os outros são o mais importante

304. Agregador Conservador

☐ a) Prático
☐ b) Idealista
☐ c) Racional

305. Agregador Conservador

☐ a) Enérgico
☐ b) Altruísta
☐ c) Desmiolado

306. Agregador Conservador

☐ a) Progressista
☐ b) Liberal
☐ c) Conservador

307. Agregador Conservador

☐ a) Atencioso
☐ b) Assertivo
☐ c) Firme

308. Agregador Conservador

☐ a) Voluntarioso
☐ b) Nasceu para servir
☐ c) Preguiçoso

309. Agregador Conservador

☐ a) Precisa de solidão
☐ b) Precisa de objetivos
☐ c) Precisa ser apreciado

310. Agregador Conservador

☐ a) Precisa ser valorizado
☐ b) Precisa de pouca estrutura
☐ c) Precisa ser diplomático

311. Agregador Conservador

☐ a) Revolucionário
☐ b) Respeita hierarquia
☐ c) Rebelde

312. Agregador Conservador

☐ a) Odeia etiqueta
☐ b) Odeia amenidades
☐ c) Odeia conflitos

313. Agregador Conservador

☐ a) Precisa aceitar críticas
☐ b) Precisa ser sociável
☐ c) Precisa se divertir mais

314. Explorador Niilista

☐ a) Melancólico/Sanguíneo
☐ b) Fleumático/Colérico
☐ c) Agregador/Profeta

315. Explorador Niilista

☐ a) Idealista Função Dominante
☐ b) Construtor Função Dominante
☐ c) Explorador Função Dominante

316. Explorador Niilista

☐ a) Niilista Função Coadjuvante
☐ b) Agregador Função Coadjuvante
☐ c) Profeta Função Coadjuvante

317. Explorador Niilista

☐ a) Idealista Função Inconsciente
☐ b) Profeta Função Inconsciente
☐ c) Explorador Função Inconsciente

318. Explorador Niilista

☐ a) 11-14% da população
☐ b) 5-9%
☐ c) 4-5%

319. Explorador Niilista

☐ a) Humor rústico
☐ b) Sentimental
☐ c) Procrastinador

320. Explorador Niilista

☐ a) Solitário
☐ b) Centro das atenções
☐ c) Calmo

321. Explorador Niilista

☐ a) Intelectual
☐ b) Nerd
☐ c) Odeia abstrações

322. Explorador Niilista

☐ a) Fala sobre fatos
☐ b) Adora misticismo
☐ c) Conciliador

323. Explorador Niilista

☐ a) Atencioso
☐ b) Comunicação direta
☐ c) Metódico

324. Explorador Niilista

☐ a) Preguiçoso
☐ b) Responsável
☐ c) Prefere agir

325. Explorador Niilista

☐ a) Adora correr risco
☐ b) Sensato
☐ c) Depressivo

326. Explorador Niilista

☐ a) Caseiro
☐ b) Vive o momento
☐ c) Poeta

327. Explorador Niilista

☐ a) Dependente
☐ b) Diplomata
☐ c) Paixão/prazer alimenta a mente

328. Explorador Niilista

☐ a) Odeia ambientes estruturados
☐ b) Detesta desorganização
☐ c) Submisso

329. Explorador Niilista

☐ a) Nasceu para servir
☐ b) Aprende fazendo
☐ c) Pensa, mas não faz

330. Explorador Niilista

☐ a) Sistemático
☐ b) Empático
☐ c) Quebra as regras

331. Explorador Niilista

☐ a) Nota pequenas mudanças
☐ b) Sem autoestima
☐ c) Pensa muito nos outros

332. Explorador Niilista

☐ a) Sem energia
☐ b) Soluciona problemas
☐ c) Segue sempre o plano

333. Explorador Niilista

☐ a) Precisa pensar no sentimento alheio
☐ b) Precisa ter coragem
☐ c) Precisa lutar

334. Explorador Niilista

☐ a) Precisa ser independente
☐ b) Precisa ser direto
☐ c) Precisa enfrentar coisas chatas

335. Explorador Idealista

☐ a) Fleumático/Sanguíneo
☐ b) Melancólico/Colérico
☐ c) Fleumático/Colérico

336. Explorador Idealista

☐ a) Agregador Função Dominante
☐ b) Explorador Função Dominante
☐ c) Profeta Função Dominante

337. Explorador Idealista

☐ a) Oportunista Função Coadjuvante
☐ b) Niilista Função Coadjuvante
☐ c) Idealista Função Coadjuvante

338. Explorador Idealista

☐ a) Profeta Função Inconsciente
☐ b) Conservador Função Inconsciente
☐ c) Agregador Função Inconsciente

339. Explorador Idealista

☐ a) 9-14% da população
☐ b) 4-9%
☐ c) 1-3%

340. Explorador Idealista

☐ a) Reservado
☐ b) Focado
☐ c) Alegre

341. Explorador Idealista

- [ ] a) Encoraja os outros
- [ ] b) Manda em todos
- [ ] c) Responsável

342. Explorador Idealista

- [ ] a) Pessimista
- [ ] b) Nascido para entreter
- [ ] c) Pensa muito

343. Explorador Idealista

- [ ] a) Discreto
- [ ] b) Finanças equilibradas
- [ ] c) Centro das atenções

344. Explorador Idealista

- [ ] a) Extremamente social
- [ ] b) Feliz longe dos amigos
- [ ] c) Odeia moda

345. Explorador Idealista

- [ ] a) Não acredita em sorte
- [ ] b) Senso estético
- [ ] c) Adora abstrações

346. Explorador Idealista

- [ ] a) Conservador
- [ ] b) Fleumático
- [ ] c) Curioso

347. Explorador Idealista

- [ ] a) Observador
- [ ] b) Vive com pouco
- [ ] c) Místico

348. Explorador Idealista

☐ a) Egoísta
☐ b) Sensível às emoções alheias
☐ c) Estrategista

349. Explorador Idealista

☐ a) Adora rotina
☐ b) Fica muito em casa
☐ c) Ajuda os outros

350. Explorador Idealista

☐ a) Detesta conflito
☐ b) Aceita bem crítica
☐ c) Sabe poupar

351. Explorador Idealista

☐ a) Prático
☐ b) Ignora situações difíceis
☐ c) Modesto

352. Explorador Idealista

☐ a) Só pensa em trabalho
☐ b) Não tem amigos
☐ c) Focado em prazeres imediatos

353. Explorador Idealista

☐ a) Negligencia responsabilidades
☐ b) Vive no passado
☐ c) Tem constância

354. Explorador Idealista

☐ a) Tem de se divertir
☐ b) Precisa aprender a planejar
☐ c) Tem de amar mais

355. Explorador Idealista

☐ a) Tem de deixar a avareza
☐ b) Tem de ser espontâneo
☐ c) Tem de não explorar os amigos

356. Profeta Construtor

☐ a) Melancólico/Colérico
☐ b) Idealista/Melancólico
☐ c) Colérico/Fleumático

357. Profeta Construtor

☐ a) Niilista Função Dominante
☐ b) Profeta Função Dominante
☐ c) Agregador Função Dominante

358. Profeta Construtor

☐ a) Agregador Função Coadjuvante
☐ b) Conservador Função Coadjuvante
☐ c) Construtor Função Coadjuvante

359. Profeta Construtor

☐ a) Explorador Função Inconsciente
☐ b) Oportunista Função Inconsciente
☐ c) Idealista Função Inconsciente

360. Profeta Construtor

☐ a) 9-13% da população
☐ b) 2-4%
☐ c) 4-5%

361. Profeta Construtor

☐ a) Sociável
☐ b) Volúvel
☐ c) Estrategista

362. Profeta Construtor

- [ ] a) Respeita os valores dos demais
- [ ] b) Conhece suas qualidades
- [ ] c) Muito dependente

363. Profeta Construtor

- [ ] a) Vive o momento
- [ ] b) Parado
- [ ] c) Intelectualismo incansável

364. Profeta Construtor

- [ ] a) Imaginação
- [ ] b) Servidão
- [ ] c) Não é um líder

365. Profeta Construtor

- [ ] a) Acredita nas instituições
- [ ] b) Decidido
- [ ] c) Vive no presente

366. Profeta Construtor

- [ ] a) Tem consideração pelos outros
- [ ] b) Ambicioso
- [ ] c) Sentimental

367. Profeta Construtor

- [ ] a) Sensível
- [ ] b) Irresponsável
- [ ] c) Reservado

368. Profeta Construtor

- [ ] a) Muito curioso
- [ ] b) Não tem metas
- [ ] c) Sem energia

369. Profeta Construtor

- [ ] a) Odeia estruturas
- [ ] b) Não desperdiça energia
- [ ] c) É paciente com idiotas

370. Profeta Construtor

- [ ] a) Respeita credenciais
- [ ] b) Perde prazos
- [ ] c) Busca conhecimento

371. Profeta Construtor

- [ ] a) Compartilha conhecimento
- [ ] b) Não é exigente
- [ ] c) Não conquista suas metas

372. Profeta Construtor

- [ ] a) Inteligência média
- [ ] b) Ideias originais
- [ ] c) Pessimista

373. Profeta Construtor

- [ ] a) Superficial
- [ ] b) Procrastinador
- [ ] c) Lógico

374. Profeta Construtor

- [ ] a) Não respeita o *status quo*
- [ ] b) Não quer mudar o sistema
- [ ] c) Expõe emoções

375. Profeta Construtor

- [ ] a) Precisa ser mais sério
- [ ] b) Precisar ser mais amoroso
- [ ] c) Precisa trabalhar

376. Profeta Construtor

☐ a) Dificuldade de criar estratégias
☐ b) Dificuldade de pensar
☐ c) Dificuldade de se relacionar

377. Niilista Oportunista

☐ a) Colérico/Melancólico
☐ b) Sanguíneo/Fleumático
☐ c) Melancólico/Colérico

378. Niilista Oportunista

☐ a) Construtor Função Dominante
☐ b) Niilista Função Dominante
☐ c) Oportunista Função Dominante

379. Niilista Oportunista

☐ a) Explorador Função Coadjuvante
☐ b) Profeta Função Coadjuvante
☐ c) Oportunista Função Coadjuvante

380. Niilista Oportunista

☐ a) Agregador Função Inconsciente
☐ b) Profeta Função Inconsciente
☐ c) Conservador Função Inconsciente

381. Niilista Oportunista

☐ a) 3-5% da população
☐ b) 9-13%
☐ c) 2-4%

382. Niilista Oportunista

☐ a) Sentimental
☐ b) Odeia ser comum
☐ c) Trabalhador braçal

383. Niilista Oportunista

☐ a) Diplomata
☐ b) Empático
☐ c) Criativo

384. Niilista Oportunista

☐ a) Conservador
☐ b) Perspectiva única
☐ c) Conciliador

385. Niilista Oportunista

☐ a) Fleumático
☐ b) Adora rotina
☐ c) Intelecto desenvolvido

386. Niilista Oportunista

☐ a) Teorias brilhantes
☐ b) Altruísta
☐ c) Odeia abstrações

387. Niilista Oportunista

☐ a) Adora tradições
☐ b) Detesta pensar
☐ c) Logicamente preciso

388. Niilista Oportunista

☐ a) Ama padrões
☐ b) Prático
☐ c) Centro das atenções

389. Niilista Oportunista

☐ a) Ideias comuns
☐ b) Cria soluções únicas
☐ c) Sensível

390. Niilista Oportunista

- [ ] a) Determinado
- [ ] b) Odeia atividades práticas
- [ ] c) Amoroso

391. Niilista Oportunista

- [ ] a) Idealista
- [ ] b) Gosta de debates
- [ ] c) Só quer agradar

392. Niilista Oportunista

- [ ] a) Ambicioso
- [ ] b) Senso estético
- [ ] c) Vive pensando

393. Niilista Oportunista

- [ ] a) Popular
- [ ] b) Líder
- [ ] c) Tímido

394. Niilista Oportunista

- [ ] a) Gosta de expor suas ideias
- [ ] b) Sem imaginação
- [ ] c) Entende as pessoas

395. Niilista Oportunista

- [ ] a) Medíocre
- [ ] b) Original
- [ ] c) Servil

396. Niilista Oportunista

- [ ] a) Muito limitado
- [ ] b) Mártir
- [ ] c) Não entende o sentimento alheio

397. Niilista Oportunista

☐ a) Tem medo de falhar
☐ b) Extremamente seguro
☐ c) Odeia conflito

398. Profeta Agregador

☐ a) Colérico/Melancólico
☐ b) Melancólico/Sanguíneo
☐ c) Fleumático/Sanguíneo

399. Profeta Agregador

☐ a) Construtor Função Dominante
☐ b) Conservador Função Dominante
☐ c) Profeta Função Dominante

400. Profeta Agregador

☐ a) Agregador Função Coadjuvante
☐ b) Niilista Função Coadjuvante
☐ c) Oportunista Função Coadjuvante

401. Profeta Agregador

☐ a) 11-14% da população
☐ b) 1-3%
☐ c) 5-9%

402. Profeta Agregador

☐ a) Racional
☐ b) Prático
☐ c) Idealista

403. Profeta Agregador

☐ a) Tem um propósito
☐ b) Individualista
☐ c) Simplório

404. Profeta Agregador

☐ a) Ambicioso
☐ b) Altruísta
☐ c) Temperamental

405. Profeta Agregador

☐ a) Cético
☐ b) Analítico
☐ c) Doce

406. Profeta Agregador

☐ a) Opiniões fortes
☐ b) Influenciável facilmente
☐ c) Devaneia

407. Profeta Agregador

☐ a) Burocrata
☐ b) Criativo
☐ c) Desonesto

408. Profeta Agregador

☐ a) Cruel
☐ b) Conservador
☐ c) Imaginativo

409. Profeta Agregador

☐ a) Sensível
☐ b) Opressor
☐ c) Metódico

410. Profeta Agregador

☐ a) Desconectado da vida
☐ b) Conexão com os outros
☐ c) Pensa em excesso

411. Profeta Agregador

☐ a) Comunica-se agressivamente
☐ b) Comunica-se friamente
☐ c) Comunica-se com humanidade

412. Profeta Agregador

☐ a) Odeia conflitos
☐ b) Sem coração
☐ c) Manda em todos

413. Profeta Agregador

☐ a) Egoísta
☐ b) Odeia críticas
☐ c) Irresponsável

414. Profeta Agregador

☐ a) Quer manter o *status quo*
☐ b) Quer um mundo mais justo
☐ c) Quer apenas paz

415. Profeta Agregador

☐ a) Focado em prazeres imediatos
☐ b) Intolerante
☐ c) Capaz de grandes feitos

416. Profeta Agregador

☐ a) Precisa controlar sua empatia
☐ b) Precisa ser idealista
☐ c) Precisa ser sério

417. Profeta Agregador

☐ a) Precisa ter amigos
☐ b) Precisa controlar seu entusiasmo
☐ c) Precisa ser mais espiritualizado

418. Idealista Oportunista

☐ a) Conservador/Colérico
☐ b) Sanguíneo/Melancólico
☐ c) Fleumático/Melancólico

419. Idealista Oportunista

☐ a) Agregador Função Dominante
☐ b) Niilista Função Dominante
☐ c) Idealista Função Dominante

420. Idealista Oportunista

☐ a) Oportunista Função Coadjuvante
☐ b) Niilista Função Coadjuvante
☐ c) Agregador Função Coadjuvante

421. Idealista Oportunista

☐ a) Profeta Função Inconsciente
☐ b) Construtor Função Inconsciente
☐ c) Conservador Função Inconsciente

422. Idealista Oportunista

☐ a) 4-6% da população
☐ b) 9-14%
☐ c) 4-5%

423. Idealista Oportunista

☐ a) Idealista
☐ b) Guerreiro
☐ c) Só pensa em dinheiro

424. Idealista Oportunista

☐ a) Crítico
☐ b) Quer tornar tudo melhor
☐ c) Trabalhador braçal

425. Idealista Oportunista
- [ ] a) Muita energia
- [ ] b) Sem imaginação
- [ ] c) Calmo

426. Idealista Oportunista
- [ ] a) Reservado
- [ ] b) Centro das atenções
- [ ] c) Quer poder

427. Idealista Oportunista
- [ ] a) Extrovertido
- [ ] b) Tímido
- [ ] c) Antipático

428. Idealista Oportunista
- [ ] a) Estrategista
- [ ] b) Verborrágico
- [ ] c) Brilho interior

429. Idealista Oportunista
- [ ] a) Guiado por princípios
- [ ] b) Guiado pela lógica
- [ ] c) Guiado pela ambição

430. Idealista Oportunista
- [ ] a) Egoísta
- [ ] b) Pureza de intenções
- [ ] c) Rígido

431. Idealista Oportunista
- [ ] a) Faz acontecer
- [ ] b) Frio
- [ ] c) Tendência ao isolamento

432. Idealista Oportunista

☐ a) Comunicação profunda
☐ b) Focado no presente
☐ c) Bom administrador

433. Idealista Oportunista

☐ a) Odeia preguiçosos
☐ b) Trabalha mais que todos
☐ c) Adora trabalhos criativos

434. Idealista Oportunista

☐ a) Comunica-se por metáforas
☐ b) Intelectual
☐ c) Mesquinho

435. Idealista Oportunista

☐ a) Quer fortes emoções
☐ b) Quer harmonia
☐ c) Quer estrutura

436. Idealista Oportunista

☐ a) Ousadia
☐ b) Decisão
☐ c) Compaixão

437. Idealista Oportunista

☐ a) Pode perder-se em seu interior
☐ b) Precisa sonhar
☐ c) Precisa ser nobre

438. Idealista Oportunista

☐ a) Precisa entender abstrações
☐ b) Precisa ser mais materialista
☐ c) Precisa viver em seu interior

439. Conservador Construtor

- [ ] a) Colérico/Melancólico
- [ ] b) Colérico/Sanguíneo
- [ ] c) Fleumático/Colérico

440. Conservador Construtor

- [ ] a) Conservador Função Dominante
- [ ] b) Agregador Função Dominante
- [ ] c) Niilista Função Dominante

441. Conservador Construtor

- [ ] a) Explorador Função Coadjuvante
- [ ] b) Construtor Função Coadjuvante
- [ ] c) Profeta Função Coadjuvante

442. Conservador Construtor

- [ ] a) Idealista Função Inconsciente
- [ ] b) Conservador Função Inconsciente
- [ ] c) Oportunista Função Inconsciente

443. Conservador Construtor

- [ ] a) 11-14% da população
- [ ] b) 4-5%
- [ ] c) 9-14%

444. Conservador Construtor

- [ ] a) Idealista
- [ ] b) Íntegro
- [ ] c) Visionário

445. Conservador Construtor

- [ ] a) Sonhador
- [ ] b) Sociável
- [ ] c) Lógico

446. Conservador Construtor

☐ a) Prático
☐ b) Meigo
☐ c) Intrépido

447. Conservador Construtor

☐ a) Filosófico
☐ b) Dedicação incansável
☐ c) Mole

448. Conservador Construtor

☐ a) Indeciso
☐ b) Otimista
☐ c) Responsável

449. Conservador Construtor

☐ a) Paciente
☐ b) Quer salvar o mundo
☐ c) Estrategista

450. Conservador Construtor

☐ a) Não é confiável
☐ b) Trabalha com fatos
☐ c) Adora trabalhar em grupo

451. Conservador Construtor

☐ a) Preguiçoso
☐ b) Confia na sorte
☐ c) Odeia indecisão

452. Conservador Construtor

☐ a) Odeia teorias impraticáveis
☐ b) Não tem sentimentos
☐ c) Sentimental

453. Conservador Construtor

- [ ] a) Rebelde
- [ ] b) Cumpre o que promete
- [ ] c) Liberal

454. Conservador Construtor

- [ ] a) Bom de improviso
- [ ] b) Sabe expressar sentimentos
- [ ] c) Detalhista

455. Conservador Construtor

- [ ] a) Honesto
- [ ] b) Senso estético
- [ ] c) Artista

456. Conservador Construtor

- [ ] a) Odeia trabalhar só
- [ ] b) Hierarquia e regras claras
- [ ] c) Quer tudo

457. Conservador Construtor

- [ ] a) Displicente
- [ ] b) Odeia rotina
- [ ] c) Gosta de autonomia

458. Conservador Construtor

- [ ] a) Precisa expressar seus sentimentos
- [ ] b) Precisa trabalhar
- [ ] c) Precisa ser confiável

459. Conservador Construtor

- [ ] a) Precisa ser lógico
- [ ] b) Precisa cuidar de si
- [ ] c) Precisa parar de mentir

460. Conservador Agregador

☐ a) Colérico/Melancólico
☐ b) Fleumático/Colérico
☐ c) Fleumático/Sanguíneo

461. Conservador Agregador

☐ a) Niilista Função Dominante
☐ b) Conservador Função Dominante
☐ c) Construtor Função Dominante

462. Conservador Agregador

☐ a) Agregador Função Coadjuvante
☐ b) Profeta Função Coadjuvante
☐ c) Explorador Função Coadjuvante

463. Conservador Agregador

☐ a) Idealista Função Inconsciente
☐ b) Explorador Função Inconsciente
☐ c) Oportunista Função Inconsciente

464. Conservador Agregador

☐ a) 1-3% da população
☐ b) 9-13%
☐ c) 9-14%

465. Conservador Agregador

☐ a) Habilidade analítica
☐ b) Independente
☐ c) Solitário

466. Conservador Agregador

☐ a) Individualista
☐ b) Habilidade social
☐ c) Colérico

467. Conservador Agregador

☐ a) Receptivo a mudanças
☐ b) Estrategista
☐ c) Preguiçoso

468. Conservador Agregador

☐ a) Frio
☐ b) Altruísta
☐ c) Assertivo

469. Conservador Agregador

☐ a) Liberal
☐ b) Rebelde
☐ c) Conservador

470. Conservador Agregador

☐ a) Desejo de fazer o bem
☐ b) Ambicioso
☐ c) Provocador

471. Conservador Agregador

☐ a) Odeia ser comum
☐ b) Meticuloso
☐ c) Inflexível

472. Conservador Agregador

☐ a) Quebra as regras
☐ b) Gosta de debater
☐ c) Responsável

473. Conservador Agregador

☐ a) Subestima suas conquistas
☐ b) Egocêntrico
☐ c) Imprevisível

474. Conservador Agregador

☐ a) Focado em prazeres imediatos
☐ b) Humilde
☐ c) Inovador

475. Conservador Agregador

☐ a) Criativo
☐ b) Idealista
☐ c) Boa memória

476. Conservador Agregador

☐ a) Adora a família
☐ b) Vive para o trabalho
☐ c) Desinteressado

477. Conservador Agregador

☐ a) Presunçoso
☐ b) Odeia ser o centro das atenções
☐ c) Quer ficar sozinho

478. Conservador Agregador

☐ a) Não expressa emoção
☐ b) Perspectiva única
☐ c) Conexão íntima com os outros

479. Conservador Agregador

☐ a) Precisa aceitar reconhecimento
☐ b) Precisa pensar mais nos outros
☐ c) Precisa ser bom

480. Conservador Agregador

☐ a) Precisa ser responsável
☐ b) Precisa aprender a dizer não
☐ c) Precisa de humildade

481. Niilista Explorador

☐ a) Sanguíneo/Melancólico
☐ b) Colérico/Fleumático
☐ c) Fleumático/Colérico

482. Niilista Explorador

☐ a) Oportunista Função Dominante
☐ b) Idealista Função Dominante
☐ c) Niilista Função Dominante

483. Niilista Explorador

☐ a) Explorador Função Coadjuvante
☐ b) Niilista Função Coadjuvante
☐ c) Profeta Função Coadjuvante

484. Niilista Explorador

☐ a) Agregador Função Inconsciente
☐ b) Conservador Função Inconsciente
☐ c) Profeta Função Inconsciente

485. Niilista Explorador

☐ a) 2-4% da população
☐ b) 4-6%
☐ c) 11-14%

486. Niilista Explorador

☐ a) Gosta de rotina
☐ b) Filantropo
☐ c) Explora o mundo com as mãos

487. Niilista Explorador

☐ a) Explora o mundo com os olhos
☐ b) Moralista
☐ c) Adora a escola

488. Niilista Explorador

☐ a) Idealista
☐ b) Racional/Prático
☐ c) Sensível

489. Niilista Explorador

☐ a) Melancólico
☐ b) Nobre
☐ c) Tranquilo

490. Niilista Explorador

☐ a) Adora fazer/criar coisas
☐ b) Adora abstrações
☐ c) Adora trabalhos intelectuais

491. Niilista Explorador

☐ a) Tem empatia
☐ b) Adora resolver problemas
☐ c) Detesta trabalhos manuais

492. Niilista Explorador

☐ a) Nunca muda de opinião
☐ b) Pensa e não faz
☐ c) Tem mudanças imprevisíveis

493. Niilista Explorador

☐ a) Compartilha experiências
☐ b) Odeia atividades ao ar livre
☐ c) Místico

494. Niilista Explorador

☐ a) Coletivista
☐ b) Curioso
☐ c) Sonhador

495. Niilista Explorador

☐ a) Não comete gafes
☐ b) Confiável
☐ c) Enigmático

496. Niilista Explorador

☐ a) Calmo
☐ b) Quer ser o chefe
☐ c) Burro

497. Niilista Explorador

☐ a) Conservador
☐ b) Reservado
☐ c) Visionário

498. Niilista Explorador

☐ a) Um ativista
☐ b) Poeta
☐ c) Amigável

499. Niilista Explorador

☐ a) Dificuldade de perceber emoções
☐ b) Preocupado com os outros
☐ c) Ama trabalhos burocráticos

500. Niilista Explorador

☐ a) Precisa ser mais livre
☐ b) Precisa ser mais sensível
☐ c) Precisa se divertir mais

501. Niilista Explorador

☐ a) Precisa ter menos tato
☐ b) Precisa ser menos autoritário
☐ c) Precisar ser menos impulsivo

502. Idealista Explorador

- [ ] a) Sanguíneo/Fleumático
- [ ] b) Melancólico/Colérico
- [ ] c) Colérico/Melancólico

503. Idealista Explorador

- [ ] a) Construtor Função Dominante
- [ ] b) Idealista Função Dominante
- [ ] c) Niilista Função Dominante

504. Idealista Explorador

- [ ] a) Oportunista Função Coadjuvante
- [ ] b) Profeta Função Coadjuvante
- [ ] c) Explorador Função Coadjuvante

505. Idealista Explorador

- [ ] a) Construtor Função Inconsciente
- [ ] b) Profeta Função Inconsciente
- [ ] c) Conservador Função Inconsciente

506. Idealista Explorador

- [ ] a) 1-3% da população
- [ ] b) 5-9%
- [ ] c) 9-13%

507. Idealista Explorador

- [ ] a) Burocrata
- [ ] b) Intelectual
- [ ] c) Artista

508. Idealista Explorador

- [ ] a) Senso estético
- [ ] b) Lógico
- [ ] c) Prático

509. Idealista Explorador

☐ a) Conservador
☐ b) Altera as expectativas tradicionais
☐ c) Pensador

510. Idealista Explorador

☐ a) Sem imaginação
☐ b) Materialista
☐ c) Gosta de experimentar

511. Idealista Explorador

☐ a) Gosta de explorar
☐ b) Metódico
☐ c) Responsável

512. Idealista Explorador

☐ a) Bastante crítico
☐ b) Seu mundo é colorido e sensual
☐ c) Estrategista

513. Idealista Explorador

☐ a) Teorias brilhantes
☐ b) Liderança
☐ c) Espontâneo

514. Idealista Explorador

☐ a) Imprevisível
☐ b) Realista
☐ c) Comum

515. Idealista Explorador

☐ a) Moralista
☐ b) Guiado pelos valores
☐ c) Odeia mudanças

516. Idealista Explorador

☐ a) Opiniões fortes
☐ b) Respeita hierarquia
☐ c) Comportamentos de risco

517. Idealista Explorador

☐ a) Conecta-se com os outros
☐ b) Trabalha melhor só
☐ c) Vive no passado

518. Idealista Explorador

☐ a) Sem sentimentos
☐ b) Charme irresistível
☐ c) Assertivo

519. Idealista Explorador

☐ a) Pessimista
☐ b) Quer ganhar muito dinheiro
☐ c) Não gosta de críticas

520. Idealista Explorador

☐ a) Precisa planejar o futuro
☐ b) Precisa viver no presente
☐ c) Precisa criar mais

521. Idealista Explorador

☐ a) Precisa ser emotivo
☐ b) Precisa não manipular os demais
☐ c) Precisa sonhar

522. Idealista Explorador

☐ a) Precisa ter imaginação
☐ b) Precisa voar
☐ c) Precisa saber quem é

523. Profeta Agregador

☐ a) Conservador Função Inferior
☐ b) Explorador Função Inferior
☐ c) Oportunista Função Inferior

Gabarito

1-a	2-b	3-c	4-a	5-b	6-c	7-a	8-b	9-c
10-a	11-b	12-c	13-a	14-b	15-c	16-a	17-a	18-b
19-c	20-a	21-b	22-c	23-a	24-b	25-c	26-a	27-b
28-c	29-a	30-b	31-a	32-b	33-c	34-b	35-c	36-a
37-b	38-c	39-a	40-b	41-c	42-a	43-b	44-c	45-a
46-c	47-a	48-b	49-b	50-c	51-a	52-b	53-c	54-a
55-b	56-c	57-a	58-b	59-c	60-a	61-b	62-c	63-a
64-a	65-b	66-c	67-c	68-a	69-b	70-c	71-a	72-b
73-c	74-a	75-b	76-c	77-a	78-b	79-c	80-a	81-a
82-b	83-c	84-c	85-a	86-a	87-a	88-b	89-c	90-a
91-b	92-c	93-a	94-b	95-c	96-a	97-b	98-c	99-a
100-a	101-a	102-b	103-a	104-b	105-c	106-b	107-a	108-b
109-c	110-a	111-b	112-c	113-a	114-b	115-c	116-a	117-b
118-c	119-a	120-c	121-b	122-c	123-a	124-b	125-c	126-a
127-b	128-c	129-a	130-b	131-c	132-a	133-b	134-c	135-a
136-b	137-a	138-c	139-b	140-c	141-a	142-b	143-a	144-b
145-c	146-a	147-b	148-c	149-c	150-b	151-b	152-a	153-b
154-c	155-a	156-b	157-c	158-a	159-b	160-c	161-a	162-b
163-c	164-a	165-b	166-c	167-a	168-b	169-c	170-a	171-b

172-c	173-a	174-b	175-c	176-b	177-c	178-a	179-b	180-c
181-a	182-b	183-c	184-a	185-b	186-b	187-c	188-a	189-b
190-c	191-a	192-b	193-c	194-a	195-b	196-c	197-a	198-b
199-c	200-a	201-b	202-c	203-a	204-b	205-c	206-a	207-c
208-b	209-c	210-a	211-b	212-c	213-a	214-b	215-c	216-a
217-b	218-c	219-a	220-b	221-c	222-a	223-b	224-c	225-b
226-c	227-a	228-a	229-b	230-c	231-a	232-b	233-c	234-a
235-b	236-c	237-a	238-b	239-c	240-a	241-b	242-c	243-a
244-b	245-c	246-a	247-b	248-c	249-a	250-c	251-b	252-c
253-a	254-b	255-c	256-a	257-b	258-c	259-a	260-b	261-c
262-a	263-b	264-c	265-a	266-b	267-c	268-a	269-b	270-c
271-b	272-a	273-b	274-c	275-a	276-b	277-c	278-a	279-b
280-c	281-a	282-b	283-c	284-a	285-b	286-c	287-a	288-b
289-c	290-a	291-b	292-a	293-c	294-a	295-b	296-c	297-a
298-b	299-c	300-a	301-b	302-c	303-a	304-b	305-c	306-a
307-b	308-c	309-a	310-b	311-c	312-a	313-b	314-c	315-a
316-b	317-c	318-a	319-b	320-c	321-a	322-b	323-c	324-a
325-b	326-c	327-a	328-b	329-c	330-a	331-b	332-a	333-c
334-a	335-b	336-c	337-a	338-b	339-c	340-a	341-b	342-c
343-a	344-b	345-c	346-a	347-b	348-c	349-a	350-b	351-c
352-a	353-b	354-c	355-a	356-b	357-c	358-a	359-b	360-c
361-b	362-c	363-a	364-b	365-b	366-c	367-a	368-b	369-c
370-a	371-b	372-c	373-a	374-b	375-a	376-a	377-b	378-c
379-a	380-a	381-b	382-c	383-b	384-c	385-a	386-c	387-a
388-a	389-b	390-b	391-b	392-c	393-a	394-b	395-c	396-a
397-b	398-c	399-a	400-b	401-c	402-a	403-b	404-c	405-a
406-b	407-c	408-a	409-b	410-a	411-a	412-b	413-b	414-c
415-a	416-b	417-b	418-c	419-a	420-b	421-c	422-a	423-b
424-c	425-a	426-b	427-c	428-a	429-b	430-c	431-b	432-c
433-a	434-b	435-c	436-a	437-b	438-c	439-a	440-b	441-c
442-a	443-b	444-c	445-a	446-b	447-c	448-a	449-b	450-c

451-a	452-b	453-c	454-a	455-b	456-c	457-a	458-b	459-c
460-b	461-a	462-c	463-c	464-a	465-b	466-a	467-b	468-c
469-a	470-b	471-c	472-a	473-b	474-c	475-a	476-b	477-c
478-a	479-b	480-b	481-c	482-a	483-a	484-b	485-c	486-a
487-b	488-c	489-a	490-b	491-c	492-a	493-b	494-c	495-a
496-b	497-c	498-a	499-b	500-c	501-a	502-b	503-c	504-a
505-b	506-c	507-a	508-b	509-c	510-a	511-b	512-c	513-a
514-b	515-c	516-a	517-b	518-c	519-a	520-b	521-c	522-b
523-b								

MADRAS® Editora

Para mais informações sobre a Madras Editora, sua história no mercado editorial e seu catálogo de títulos publicados:

Entre e cadastre-se no site:

www.madras.com.br

Para mensagens, parcerias, sugestões e dúvidas, mande-nos um e-mail:

marketing@madras.com.br

SAIBA MAIS

Saiba mais sobre nossos lançamentos, autores e eventos seguindo-nos no facebook e twitter:

@madrased

/madraseditora